*****

Andreas Gaw

***

Was soll das

www.tredition.de

© 2020 Andreas Gaw

Alle Illustrationen sind rechtefrei bzw. vom Autor selbst erstellt

Verlag und Druck: tredition GmbH, Halenreie 40-44, 22359 Hamburg

ISBN
Paperback: 978-3-347-19704-6
Hardcover: 978-3-347-19705-3
e-Book: 978-3-347-19706-0

Für … Dich

...für mich, für alle.

Huk.

Ich habe gesprochen.

Vorwort

Fast jedes Buch hat ein Vorwort. Und ich frage mich immer: warum? Muss man den Leser vorbereiten, auf das, was Ihn erwartet?

„Sei vorsichtig beim Lesen. Du könntest Dir weh tun! Papier hat scharfe Kanten."

Oder: „Deine Gefühle könnten verletzt werden! Hast Du einen guten Psychiater?" Kann sein...

Vielleicht will man dem Leser auch nur den Einstieg leichter machen.

„Du wirst merken, die ersten 300 Seiten sind etwas zäh. Aber kämpfe Dich bitte durch, dann wird's noch richtig gut. Am Ende."

Oder: „Falls Du den Überblick verlierst – ich fasse im Vorwort schon mal zusammen, was Dich erwartet." Kann auch sein...

Andere Autoren fühlen sich verpflichtet, dem Leser zu erklären, warum sie dieses Buch geschrieben haben.

„Dieses Thema liegt mir schon seit meiner Kindheit am Herzen. Schon, als ich zum ersten Mal unser Sofa angezündet habe, Weihnachten 1971, wusste ich: eines Tages schreibe ich ein Buch über meine Pyromanie."

Oder: „Du, lieber Leser, wirst, genau wie ich, erkennen, wieviel Schönheit in einem abgekauten Apfel innewohnt. Lass Dich ein. Lass Dich von mir begleiten auf Deiner Reise in die

Magie des Alltäglichen."

Naja, kann auch sein...

Es scheint also eine gewisse Relevanz zu haben, dieses Vorwort. Deshalb will ich mich da mal nicht eitel zurückhalten, sondern auch sowas schreiben.

Thema: den Leser vorbereiten. Also, Euch erwartet ziemlich viel Schwachsinn. Lustiges, Blödes, auch ab und zu etwas Ernstes, aber im Grunde ein Haufen Quatschkram mit hier und da ein paar Zentimeter Tiefgang.

Thema: den Einstieg leichter machen. Also, da gibt's nicht viel zu erklären. Die Texte sind bunt durcheinander gewürfelt. Abgesehen von der Fortsetzungsreihe „Herr M." baut auch nix aufeinander auf. Hier mal 'n Gedicht, da mal 'ne Anekdote, und dort mal 'n Songtext. Weiter nichts.

Thema: Warum das Buch geschrieben wurde. Also, wegen der Beatles. Oder wegen Prince. Oder wegen der Rolling Stones. Immer wieder bringen Bands bislang unveröffentlichtes Material raus. Da dachte ich: das kannste auch. Über die Jahre habe ich viel Quatsch geschrieben, und nun war es an der Zeit, den ganzen Kram mal zu sortieren – in Buchform. Viel mehr steckt nicht dahinter.

Der Eine oder die Andere werden sich jetzt fragen:

WAS SOLL DAS ????

Nix. Und damit wäre dann auch schon der Buchtitel erklärt.

Kommen wir jetzt zu den Danksagungen.

Obwohl... die sind ja meist am Ende eines Buches, oder?

Naja... dann hab ich ja noch etwas Zeit, darüber nachzudenken.

Und jetzt viel Spass beim Lesen.

A.G.

Hinweis: Ein paar Texte sind schon vor über 20 Jahren geschrieben worden. Also nicht wundern, wenn mal von D-Mark o.ä. die Rede ist. Okay? Danke.

Noch was: Ich bitte, die, Rechtsschreibfehlers und, Zeichensetzungsfehlers zu, entschuldiken. Mein Korrekturleser ist zwar, ein lieber, Kerl, aber, Legastheniker.

Inhaltsverzeichnis

1 Eine Deutschlandreise

Den ganzen Tag im Zug gesessen
von Lüneburg bis hinter Essen
In Essen kurz auf´s Bahnhofsklo
dann schnell noch ins Verkehrsbüro
Ein Ticket kaufen und gleich weiter
der Bus war voller Waldarbeiter
Mit denen bis nach Osnabrück
von da aus dann ein Stück zurück

Per Anhalter bis Erkelenz
in einem alten Daimler Benz
In diesem Wagen Ruth getroffen
die fuhr echt mies, war stockbesoffen
So war ich schließlich auch erleichtert
als sie mit mir ihr Ziel erreicht hat
Zu Fuß bis Bornum, hinter Lutter
dort wohnt ein Freund von meiner Mutter
Der Typ war leider nicht zuhause
Ich, auf nach Potsdam, ohne Pause
beim alten Fritz kurz niederknien
dann ging es weiter nach Schwerin

Ich ließ mich in der Ostsee treiben
doch wollt' ich da nicht lange bleiben
Da hab ich mir ein Rad besorgt
und bin zurück nach Haus gegurkt

Dort penn´ ich erstmal, still und leise
bevor ich morgen weiterreise

2 Oh Fee

Es war wieder so einer von diesen Abenden, an denen im Fernsehen nur hochqualitative Unterhaltung geboten wird, und ich trotzdem beim „Sommerhaus der Stars" hängen geblieben bin. Als eine der xyz-Promis zum wiederholten Male ihren Gatten mit „du bist so behindert" ankeifte, bekam ich Appetit auf Schweinskopfsülze. Zum Glück fand sich noch ein Glas der extravaganten Speise in meinem Kühlschrank, und ich deckte meinen Esstisch mit Teller, Messer, Brot und Senf und setzte mich. Das Sülze-Glas ließ sich schwer öffnen, doch ein Weiteres „du bist so behindert" aus dem Fernseher stachelte meinen Ehrgeiz an. Mit den Gesetzen der Physik, der Messerspitze und der Hebelwirkung brachte ich den Deckel zu Ploppen. Ich staunte nicht schlecht, als sich aus der obligatorischen Fettschicht auf der Sülze eine kleine, feine Frau mit Flügeln quälte. Verklebt und verschmiert krabbelte sie aus dem Glas, über den Tisch und ließ sich dann auf einen Stuhl fallen, welcher am Kopfende meiner Tafel platziert war. Unter Stöhnen und Ächzen verdoppelte sie ihre Körpergröße, dann noch einmal und so weiter, bis sie schließlich knappe eins-siebzig erreicht hatte.

„Du saust mir den Stuhl ein!", kommentierte ich das Schweinskopffett an ihrem Körper und auf meinen Polstern.

Sie stand auf, fragte mich nach dem Weg zum Bad und ging

erstmal duschen.

In der Zwischenzeit holte ich Geschirrspülmittel und ein paar Haushaltstücher und begann, den Stuhl zu reinigen. Mein Gerubbel machte alles nur noch schlimmer. Mir wurde schnell klar, dass ich da nichts mehr retten könne. Schmieriges Schweinefett auf Feinwebbezügen... das kriegste nicht mehr raus. Also schob ich das Sitzmöbel beiseite, warf einen Blick auf den Fernseher – Werbung für Schokocreme – und nahm wieder Platz. Der Appetit auf ein Sülzbrot war mir vergangen. Wer will schon was essen, in dem sich vorher eine kleine Motte getummelt hat.

Nach etwa 10 Minuten kam die Dame zurück. Sauber und gut riechend. Anscheinend hatte sie als Parfüm mein Rasierwasser benutzt.

Freundlich lächelnd streckte sie mir ihre Hand entgegen.

„Hallo. Ich bin Lisbeth. Eine Fee."

Wir machten Shakehands und ich erwiderte lapidar „ja nee, is klar", so als ob ich regelmäßig Besuch von Feen erhalten würde. Da sie sich nicht auf den Fettstuhl setzen wollte, begaben wir uns zur Couch.

„Was macht eine nette Fee wie du in einem Glas Sülze wie diesem?", fragte ich neugierig.

Lisbeth schüttelte leicht den Kopf.

„Das willste gar nicht wissen...", entgegnete sie ausweichend.

Eine Weile schauten wir „Sommerhaus der Stars".

„Ich kenne keinen von denen.", kommentierte die Dame. „Das sollen Promis sein?!"

„Heutzutage biste schon ein Promi, wenn du mehr als 10.000 Follower auf Instagram hast.", erklärte ich.

Wir schauten noch etwa fünf Minuten, dann stand Lisbeth auf.

„Also," sagte sie, „kommen wir zur Sache."

Das letzte mal, als eine Frau zu mir „kommen wir zur Sache" gesagt hatte, waren wir im Bett gelandet. Aber darauf würde Lisbeth wohl nicht hinauswollen, dachte ich. Schade eigentlich, denn bei genauerem Betrachten und ohne Ganzkörperfettschicht sah sie ausnehmend bezaubernd aus.

„Du hast drei Wünsche frei.", erklärte sie mir, und fügte aus Erfahrung hinzu, „nochmal 3 Wünsche wünschen und so weiter und so immer weiter gilt nicht. Ist das klar?" Ich nickte. Sie nickte. Verstanden.

Also begann ich zu überlegen.

Lisbeth ging in meinem Zimmer auf und ab, zog ein paar Bücher aus dem Regal, stellte sie wieder zurück, zappte durchs Fernsehprogramm, ließ es auf QVC laufen, tigerte weiter durch meine Wohnung und machte mich so langsam nervös.

„Ich kann mich nicht konzentrieren.", maulte ich.

„Du sollst dich auch nicht konzentrieren, du sollst dir was wünschen. Ich hab nicht ewig Zeit!", antwortete die Fee schnippisch.

„Wo musst du denn so dringend hin?", fragte ich. „Zurück in die Sülze?"

Ein abfälliges „hahaha" und „sehr witzig" war ihre Antwort. Ich begann, mich wieder auf meine möglichen Wünsche zu konzentrieren.

Seit ein paar Jahren war ich wieder Single. Das mit Beate war in die Brüche gegangen, weil sie in einem Yogakurs den Schamanen Norbert kenne gelernt hatte, welcher ihr glaubhaft erklärte, dass ich kein Umgang für sie sei, weil ich eine schwarze Seele hätte. Seitdem hatte ich keine feste Beziehung mehr gehabt. Da kam ich auf eine Idee.

„Ich hab meinen ersten Wunsch!", erklärte ich, und Lisbeth hob erwartungsvoll die Augenbrauen.

„Na dann....?"

„Ich will mit dir Schlafen!"

Die Fee legte die Stirn in Falten. „Mit mir schlafen?", wiederholte sie, und ich befürchtete, jetzt eine saftige Standpauke zu bekommen, von wegen sexuelle Belästigung, „mee-too" und Sexismus. Aber dem war nicht der Fall. Stattdessen fand ich mich nur Sekunden später mit Lisbeth im Bett. Und: wir schliefen. Gesund und erholt, bis zum nächsten Morgen.

Als ich erwachte war die Fee bereits aufgestanden. Sie kam aus dem Bad und grinste breit.

„Haben wir...?", tastete ich mich vorsichtig vor.

„Natürlich nicht!" antwortete Lisbeth. „Du wolltest mit mir schlafen. Und wir haben geschlafen. Sonst nichts. Übrigens, du hast eine super Matratze."

„Nur 199 Euro, bei Bett-1.de.", erklärte ich überflüssigerweise.

Lisbeth setzte sich auf die Bettkante.

„Und? Wunsch Nummer zwei?", fragte sie.

Ich bat mir Bedenkzeit aus. Erstmal frühstücken.

Die Fee war einverstanden und wollte wissen, ob sie Rührei machen soll.

„Ja.", antwortete ich, „ich hätte gern Rührei."

Und in der selben Sekunde war mir klar, dass ich soeben meinen zweiten Wunsch verballert hatte.

„Hab dich voll reingelegt, was?"

„Das war nicht fair!", protestierte ich vergeblich.

Zwanzig Minuten später saßen wir am Frühstückstisch. Die Rühreier waren hervorragend, das musste ich zugeben. Aber einen Gratis-Wunsch waren sie letztlich doch nicht wert.

Lisbeth und ich plauderten über Gott und die Welt. Ich war stets penibel drauf bedacht, keinen Satz so zu formulieren, dass daraus hätte ein Wunsch abgeleitet werden können.

Es gelang mir ganz gut. Die Fee versuchte mir Fallen zu stellen, etwa: „Hättest du gern noch eine Tasse Kaffee?" Aber darauf fiel ich nicht rein.

Trotz unseres kleinen „Wunsch-Vermeidungs-Spielchens" fühlte ich mich rund rum wohl. Lisbeth war eloquent und ich konnte prima mit ihr diskutieren. Und witzig war sie auch. Mein Gott, was haben wir gelacht...

Wie sehr hatte ich es vermisst, den weiblichen Esprit in meinem Leben zu spüren. Dieses gemeinsame Frühstück war einfach herrlich. Ich fühlte mich jung und voller Energie, ja, ich hatte sogar „Flugzeuge im Bauch". Es war so ein schönes Gefühl mit dieser bezaubernden Frau zusammen zu sitzen, dass ich mir wünschte, dieses Frühstück würde niemals enden.

Dummerweise sagte ich das auch.

Und so sitzen wir noch heute am Frühstückstisch. Langsam gehen uns die Themen aus....

3 Erklärte Lebensweisheiten Nr.1

Wer zuletzt lacht, lacht am Besten
Hierbei wird uns wohl geraten
Immer, wenn gekichert wird
Bis zum Schluss mit Lachen warten

Nur, wenn *alle* bis zum Ende
Warten mit dem Lachen
Sollte man in Deckung geh'n
Dann wird's *richtig* krachen!

Erklärte Lebensweisheiten Nr. 2

Morgenstund hat Gold im Mund
Was soll das bedeuten
Die Frage stelle ich selber mir
Und auch noch and'ren Leuten
Morgenstund hat Gold im Mund
Weil jeder „früh" ein Held ist
Und morgens vor dem Zähneputzen
Die Fresse schon voll Geld is'

Das kann's nicht sein

Denn ich stand auf

Am Morgen, früh um vier

Doch was ich auf der Zunge schmeckt'

War kein Gold

Sondern Bier

Erklärte Lebensweisheiten Nr. 3

Den letzten beißen die Hunde

sagt man

Denn Katzen beißen keinen

Die kratzen nur, die fiesen Kleinen.

Ich frag mich, wer der Letzte is'

Der sich nach einem Hundebiss

vor Schmerzen wand

Der Briefträger, das könnte sein

Hat Angst vor Hunden groß und klein

Das liegt doch auf der Hand

Doch wenn der stets der Letzte ist
Was man gelegentlich vergisst
Dann kann die Furcht zuhause bleiben
Dumm nur, wenn er zu Boden fliegt
bevor der Brief im Kasten liegt
Wohl besser doch 'ne email schreiben

Erklärte Lebensweisheiten Nr. 4

Was du heute kannst besorgen
Das verschiebe nicht auf morgen
Brauchst du heute Klopapier
kauf es dir

Morgen ist es eh zu spät,
wenn's heute schon in die Hose geht

Erklärte Lebensweisheiten Nr. 5

Das Leben ist kein Ponyhof
Den Satz fand ich schon immer doof
Weil ich ja nicht mal reite
Was soll ich auf 'nem Ponyhof

Ich finde doch die Pferde doof
Ob schmale oder breite

Alternativ sagt mancher auch:
Das Leben ist kein Zuckerschlecken
Verquickt man beide Sprüche leicht
Soll man an Ponys lecken
Auf einem Hof aus Zucker
da frag ich mich wie geht des
Mit Pferdeangst und Diabetes
Ist man ein armer Schlucker

4 Die Reisen des Herrn M. (Teil 1)

Herr M. pflegte, wann immer er auf Reisen ging, sich in aller Ausführlichkeit von seinen Pflanzen zu verabschieden. Dabei spielte es keine Rolle, ob er für mehrere Wochen verreiste, nur über's Wochenende, oder gar nur mal schnell mit der Straßenbahn in die Stadt fahren wollte, um kurz ein paar Besorgungen zu machen. Jedes Mal veranstaltete Herr M. eine Abschiedszeremonie, als ob er nie mehr nach Hause kommen würde. Denn genau das war seine Befürchtung. Ihm könne unterwegs etwas zustoßen. Und dies könne genauso irgendwo in der Ferne auf einer Weltreise geschehen, wie direkt vor seiner Haustür. Herr M. würde nie in Ruhe sterben und seinen Frieden finden können, in der Gewissheit, er habe sich nicht angemessen von seinen Pflanzen verabschiedet. So machte er auch heute, kurz vor seiner Abreise nach Paris, seine gewohnte Runde durch den Wintergarten, entlang der kakteenbestückten Fensterbretter, bis hin zu seinem kleinen Gewächshaus auf dem Balkon. Für jeden seiner grünen Freunde nahm sich Herr M. gleichermaßen Zeit. Kein Farn wurde einer Yuccapalme vorgezogen, oder umgekehrt. Vor die Pflanzen, die auf dem Boden standen, kniete Herr M. sich hin. Bei Fensterbänklern und Gewächsen, die über einen Meter Höhe hatten, schob er einen Stuhl zurecht, auf welchem er vor den Daheimbleibenden Platz nahm. Liebevoll betätschelte Herr M. Blattwerk und Stängel, Knospen und Blüten.

An die hundertfünfzig Lieblinge aus der Flora hatten sich über die Jahre in der Altbauwohnung des schrulligen, alten Mannes angesammelt. Und jedem seiner Objekte schenkte Herr M. zum Abschied zirka zwei Minuten. Sein Zug sollte um 14 Uhr 37 den Bahnhof verlassen. Jetzt war es kurz nach zehn Uhr vormittags und Herr M. hatte gerade mal die ersten fünfzehn, zwanzig Pflanzen verabschiedet. Ein bisschen würde er sich sputen müssen, um seine Bahn nicht zu verpassen, dachte er, während er sich über einen Kaktus mit langen gelblichen Dornen beugte.

„Leb wohl, mein Schatz.", flüsterte Herr M. „Ich werde Dich vermissen. Sei nicht traurig..."

Und so weiter. Und so weiter.

Auf die Dauer ein ziemlich langweiliges Gewäsch.

Ich schlage vor, wir lassen Herrn M. erst mal allein und kommen wieder, wenn er am Bahnhof ist. Vorausgesetzt, er schafft es rechtzeitig.

Bis dann...

5 Midlife Crisis

Ich bin jetzt in der Midlife Crisis
Mein Haar wird licht, was der Beweis is
Und weil mir öfter auch ganz heiß is
Bin ich jetzt in der Midlife crisis
Ich weiß es!

Es ist nun Halbzeit in mein'm Leben
Die Hälfte rum, so ist das eben
Die Trauben ab, nur noch die Reben
Nur fällt's mir schwer das zuzugeben
Voll daneben!

So ist das mit der Midlife Crisis
Die Zeit vergeht, bis man ein Greis is
Weil so nun mal der Lebenskreis is
Obwohl ich find', dass das echt scheiß is
Ich weiß es!

Das muß ich wohl jetzt akzeptieren
Ich kann's ja nicht mal ausprobieren

Bei Nichtgefallen boykottieren

Am End' wohl auch noch demonstrieren

Nach zwanzig Bieren

Dann mach ich halt das Beste draus

Ich traure nicht, bleib nicht zu Haus

Bin über 50, bin ein Mann

Lach mir `ne junge Freundin an

Benehm' mich wie ein Blödian

Weil so ´ne Midlife crisis

Wirklich voll der Scheiß is!

6 Wahlprogramm LLG

Prämisse

Es ist an der Zeit, dass sich in unserem Land etwas ändert. Zu Gunsten der Bevölkerung. Die etablierten Parteien haben über Jahrzehnte gezeigt, dass sie Grundsätzliches zum Wohle der Allgemeinheit nicht schaffen können. Es ist an der Zeit, eine neue Regierung einzusetzen, die sich wirklich um die Belange der Bürger und Bürgerinnen kümmert.

Das wollen wir sein.

Die LLG

Die Lila-Längs-Gepunkteten.

1 Demokratie

Unser Land basiert auf einer demokratischen Grundordnung. Das war, ist und soll Basis jeder politischen Aktivitäten sein und bleiben.

Der Föderalismus bleibt erhalten wobei der Souverän in allen Ländern das Volk ist.

Über einschneidende Neuerungen, Gesetze und Veränderungen in unserem Land wird per Volksentscheid abgestimmt.

Um eine Interessengleichheit zu gewährleisten, dürfen Minister nicht gleichzeitig Abgeordnete sein.

Die Amtszeit der gewählten Staatsoberhäupter wird auf zwei Legislaturperioden begrenzt.

Die Diäten werden der tatsächlichen Leistung des Politikers, auch im Vergleich zu anderen Branchen, angepasst und nicht pauschal bezahlt.

Es gibt eine Deckelung, die eine Diätenerhöhung durch Abstimmung im „eigenen Kreis" verhindert.

Amtsmissbrauch und Steuergeldverschwendung, sowohl im Bund als auch in den Ländern, bis hin in die Kommunen, wird zum Straftatbestand.

2 Geld

Unser Land haftet im Rahmen der EU nicht monetär für die Schulden anderer Länder.

Eine eigene Bundesbank wird der EZB zur Seite gestellt, die die Interessen des Volkes vertritt. Sie verhindert Negativ-Zinsen, und mehr noch, sorgt mittelfristig dafür, dass sich „das Sparen" wieder lohnt.

Durch die Finanzumschichtung im Zuge einer größeren Unabhängigkeit von der EZB wird zudem sichergestellt, dass eine staatliche Grundrente gezahlt werden kann.

Die Rente besteht aus einem fixen Sockelbetrag, und einer Aufstockung in Relation zu der Lebensarbeitszeit.

Das Rentenalter wird auf 59 gesenkt.

Alle Bürger und Bürgerinnen, die nicht aus gesundheitlichen Gründen nicht erwerbstätig sind, werden im Dienste des Allgemeinwohls beschäftigt. Das ALG 2 bzw. Hartz IV wird abgeschafft. Stattdessen erhalten betroffene Arbeitnehmer und Arbeitnehmerinnen einen staatliche Vergütung entsprechend ihrer Tätigkeit für das Allgemeinwohl. Diese Vergütung besteht aus Geldzuwendungen und Lebensmittelgutscheinen.

Das Bargeld wird nicht abgeschafft.

3 Außenpolitik- und Wirtschaftspolitik

Die Außenpolitik darf nicht die Interessen unseres Landes hinten an stellen. Beim Umgang mit anderen Staaten ist stets das Wohl unseres Staates an erster Stelle zu sehen

Firmen, die im eigenen Land produzieren und nicht Ressourcen in Billiglohnländer verlagern, werden unterstützt.

Spezialisten und Facharbeiter werden zunächst im eigenen Land rekrutiert und gefördert.

Im- und Exportzölle werden so ausbalanciert, dass keinem handeltreibenden Statt ein Nachteil entsteht.

Wirtschaftliche Abhängigkeiten von anderen Staaten werden durch verbindliche, gegenseitige Absicherungsverträge minimiert.

Die Entwicklungspolitik richtet sich in erster Linie an dem Grundsatz „Hilfe zur Selbsthilfe". Entsprechende Gelder werden nur noch gezielt und nachprüfbar eingesetzt.

Das bisherige Steuermodell wird entkompliziert und vereinheitlicht. Eine progressive Staffelung findet nur noch bis zu einer gewissen Einkommenshöhe statt. Danach wird ein Pauschalsatz erhoben. Dies wird zur Folge haben, dass die Schere zwischen Arm und Reich wieder zugeht.

4 Innen- und Sozialpolitik

Unser Land und unsere Städte müssen wieder sicherer werden. Verbrechen darf sich nicht mehr lohnen. Jeder Bürger und Bürgerin muss sich zu jeder Tageszeit sicher fühlen.

Verbrechen müssen unverzüglich geahndet werden, um nicht die Möglichkeit einer weiteren Straftat in der Zeit zwischen Anklage und Vollzug zu geben. Das gilt auch in der Prävention. Entsprechend müssen auch Abschiebungen unverzüglich vorgenommen werden.

Leib und Leben unserer Bürger und Bürgerinnen haben in unserem Land höchste Priorität. Rückführungen in kriegsfreie Gebiete sind entsprechend möglich. Das gilt auch für Zuwanderer aus Kriegsgebieten, in denen sich die Lage merklich entspannt hat.

Eine Religionsfreiheit wird gewährleistet. Religiöser Fanatismus wird unter Strafe gestellt. Jeder Bürger und jede Bürgerin darf seinen/ihren Glauben leben, solange er/sie durch die Ausübung niemanden benachteiligt oder diskriminiert oder nachhaltig stört. Zur Schau Stellung des Glaubens durch übertriebene oder unverhältnismäßige Symbole ist nicht gestattet. Das gilt in allen Bereichen des öffentlichen Lebens.

Männer und Frauen sind gleichgestellt und erhalten gleichen Lohn für gleiche Arbeit. Quotenreglungen werden abgeschafft. Es wird sichergestellt, dass der „Kandidat" oder die „Kandidatin" mit der geeigneteren Qualifikation die ausgeschriebene Position erhält. Um Benachteiligungen auszuschließen kann auch eine unabhängige Kommission zu Rate gezogen werden.

Im gesellschaftlichen Leben werden Männer und Frauen, auch unter Berücksichtigung der anthropologischen Entwicklung, gleich behandelt.

Eine tradierte Sprache die bestimmten Gruppierungen männliche oder weibliche Artikel zuordnet, wird als „neutral" ähnlich dem englischen „the" angesehen und nicht unnötig verkompliziert. Auch „historische" Bezeichnungen bleiben, wenn sie nicht vorsätzlich diskriminierend sind, erhalten.

Die Löhne und Renten in Ost und West werden auf ein gleiches Niveau gebracht.

Die Bevölkerung, ob Mann oder Frau, ob Ost oder West, hat ohne Einschränkung die selben Rechte aber auch die selben Pflichten.

5 Umwelt und Verkehr und Leben

Umwelt- und klimabewusste Politik ist ein zentraler Punkt. Bei der Umsetzung dienen aber nicht wirtschaftliche oder lobbyfreundliche Interessen als Grundlage, sondern das Abwägen wissenschaftlicher Erkenntnisse.

Einseitiger und übertriebener Aktivismus ist nicht der richtige Weg. Vielmehr gilt es, besonnen, erneuerbare Energien weit gefächert zu fördern, und nicht nur eine Möglichkeit voran zu treiben, und Alternativen zu vernachlässigen.

Die Infrastruktur, besonders in ländlichen Gegenden, wird ausgebaut. Dies gilt sowohl für das Verkehrsnetz, als auch für den Ausbau der Internetempfangbarkeit.

Die Regierung übernimmt einen Teil des öffentlichen Nahund Fernverkehrs und stellt sicher, dass die Nutzung für alle Bürger kostenlos, oder in erschwingbarem Rahmen bleibt.

Bereiche des öffentlichen Lebens, die der Allgemeinheit zugänglich sein müssen, dürfen nicht privatisiert sein.

Auch ein flächendeckender sozialer Wohnungsbau wird gewährleistet. Ein neuer Mietschlüssel verbietet Wuchermieten und unverhältnismäßige Aufschläge nach Renovierungen. Der

Kündigungsschutz wird entsprechend verstärkt.

Ziel ist es, auch attraktive Wohngebiete allen zugänglich zu machen, und „Luxusghettos", besonders im städtischen Bereich zu vermeiden.

Es besteht ein Anrecht auf einen staatlich geförderten Kindergarten- oder Krippenplatz für alle Kinder.

Schulen sind verpflichtet, das bestmögliche Bildungsniveau anzubieten. Der Lehrer- und Erzieherberuf wird attraktiver gemacht und mit Befugnissen ausgestattet, die einen produktiven Unterricht gewährleisten. Lehrer dürfen nicht mehr mit Angst vor Schülern in die Schule gehen.

Das Gesundheitssystem wird ausgebaut. Eine ärztliche Versorgung insbesondere in ländlichen Gegenden soll gewährleistet werden.

Die Krankenversicherung wird verstaatlicht und für alle Bürger einheitlich gestaltet. Die Entlohnung der Ärzte über Krankenkassenschlüssel wird in eine leistungsgerechte Bezahlung geändert. Eine Zwei-Klassen-Medizin wird abgeschafft. In Städten werden Gesundheitszentralen nach Vorbild der Polykliniken eingerichtet. Es wird sichergestellt, dass es genügend Fachärzte gibt und Wartezeiten auf Termine minimiert werden.

Hausbesuche werden wieder zu einem Teil der ärztlichen Tätigkeiten.

Niemand wird vom Gesundheitssystem benachteiligt, oder auf Grund besserer finanzieller Mittel oder höherer Bildung bevorzugt.

Allgemein werden die Löhne in allen Bereichen angeglichen. Beschäftigte in systemrelevanten Berufen müssen genauso viel verdienen, wie zum Beispiel Facharbeiter.

Schlussbemerkung

Ziel unserer Politik ist eine gerechtere, sozialere Welt. Alle Bürger unseres Landes sollen über einen soliden Grundwohlstand verfügen, der soziale und gesellschaftlich Unterschiede minimiert. Ein Leben in Frieden und Freiheit, ohne Diskriminierung und Hass ist das Ziel.

Deshalb wählt LLG

Na, das klingt doch auf den ersten Blick ganz gut, oder?

Natürlich nicht für alle. In jeder Passage des Wahlprogramms gibt es Stellen, die die Einen zum „ja, richtig" motivieren, und Anderen ein „Nee... geht gar nicht" abringen.

Es ist schon schwer, es allen recht zu machen. Das hat sich
seinerzeit auch Jesus gedacht, nehme ich an. Und irgendwann
hatte er dann ja auch keinen Bock mehr auf den ganzen Scheiß...
Darf ich das eigentlich so schreiben, oder bekomme ich jetzt voll
Ärger mit radikalen Katholiken?

Egal.

Wo war ich stehengeblieben? Ach ja.

Es ist ein ziemlicher Balanceakt, eine Politik zu „erschaffen", in
der sich möglichst Viele gut aufgehoben fühlen. Eigentlich
unmöglich.

Und dafür haben wir dann die Demokratie.

Da kann man sich für das entscheiden, was einem am meisten
zusagt.

Ist doch cool, oder?

Das Problem ist nur: wer auch immer eine Mehrheit hat, lässt
eine unzufriedene Minderheit zurück, die sich fügen muss.

Also, liebe Politiker, auch wenn ihr euch jetzt noch auf der
„sicheren Seite" wägt. Lasst nicht diejenigen aus den Augen, die
eure Politik unzufrieden macht.

Denn allzu schnell kippt womöglich die Stimmung, und die unzufriededne Minderheit wird zur Mehrheit, weil auch eure Wähler merken, dass man sich nicht auf euch verlassen kann.

Und wo führt das hin...

Na, das wissen wir ja.

Also wählt LLG... oder auch nicht.

In jedem Fall, seid nett zueinander!

7 Wenn ich groß bin …

Jonas wollt´ - als er noch klein
Später Friedhofsgärtner sein.
Ja, das war sein großer Wunsch.

Als Jonas etwas älter war,
Da war es für ihn sonnenklar.
Er wollte sein wie Elmar Gunsch.

Im Stimmbruch kam ihm die Idee.
Hotelportier am Wörthersee.
Für and´re Leute Koffer tragen.

Mit 16 dacht´ er: Kapitän
Mal so auf große Fahrt zu geh´n ...
Doch wollt´ er erst die Mutti fragen.

Mit 20 traf der Jonas Hilde.
Vom Stamm der Bumbu – eine Wilde.
Er hat die Welt um sich vergessen.

Die Hilde war ein Kannibale.

Das war für Jonas das fatale.

Sie hat ihn einfach aufgefressen.

8 Vom Specht

Ein Specht der spricht - das ist ein Spicht

Ein Specht der flucht - das ist ein Spucht

Ein Specht der trinkt - das ist ein Spinkt

Ein Specht der säuft - das ist ein Schluckspecht

9   Neulich im Kino

Vor ein paar Tagen war ich im Kino. Eines von diesen alten
Schachtelkinos. Relikte aus den frühen achtziger Jahren.
Unbequeme, durchgesessene Stühle, kleine Säle, kleine
Leinwände. Wenig Publikum. Die große Zeit der Programmkinos
ist vorbei. Filmkunst ist eine seltene Delikatesse für Randgruppen
geworden. Filme, die nicht in 3-D sind. Und womöglich noch
schwarz-weiß. Geht gar nicht, heutzutage. Oder zumindest nur
noch äußerst selten kostendeckend.

Ich zahlte also meine 3 Euro 50. Kinotag. Die Billetts waren
preisreduziert. Um mehr Leute ins Kino zu locken. Klappte aber
nicht. Außer mir waren nur noch eine vermeintliche Studentin der
Soziologe und ein Alt-Achtundsechziger im Kinosaal.

Es gab wenig Werbung. Und zwei Trailer für Filme, die
demnächst gezeigt werden würden. „Cyrano de Bergerac" und
„Tee im Harem des Archimedes". Sicher nichts für die
kaugummikauende Masse (wie ein RTL Redakteur mal das
Publikum des Senders bezeichnete). Dann begann der Hauptfilm.
Er spielte in Paris in den siebziger Jahren. Ein junger Mann
besichtigte eine Mietwohnung. Tage zuvor hatte dort seine
Vormieterin einen Selbstmordversuch unternommen.

Der Wohnungseigentümer erklärte sich grundsätzlich bereit, die
Wohnung an den jungen Mann weiter zu vermieten.
Voraussetzung war aber, dass die noch im Krankenhaus liegende

Selbstmörderin das Zeitliche segnen würde. Der Mann besuchte die junge Dame im Hospital. Sie starb. Er bekam die Wohnung. Die Nachbarn waren alle sehr merkwürdig. Ständig beschwerte sich jemand bei dem jungen Mann, da er angeblich zu laut war. Und das selbst wenn er nicht einmal im Ansatz Krach gemacht hatte oder gar in der Wohnung war. Die Mitbewohner, allen voran der Wohnungseigentümer, setzten dem Mann stark zu. Dann fand er ein paar Kleidungsstücke seiner Vormieterin.

Und der Mann entdeckte ein Loch in der Wand. Darin steckte ein Wattebausch. Er zog die Watte heraus. In dem Loch lag ein Zahn. Dann war ich kurz auf Toilette.

Als ich wieder ins Kino kam, hatte der Mann Frauenkleider an. Irgendwelche merkwürdigen Typen standen irgendwo auf einem Klo. Der Freund des Mannes redete auf ihn ein. Eine Nachbarin, mit einem behinderten Kind, kam zur Wohnung des Mannes und bedankte sich für irgendwas. Dann verlor der Mann auch einen Zahn und legte ihn in das Loch in der Wand. Ach, zwischendurch war er noch mit einer Freundin der toten Vormieterin im Kino. Dann bei ihr zuhause. Er wollte nicht, dass sie mit zu ihm geht. Weil er angeblich renovieren würde. Aber das stimmte nicht. Er hatte einzig und allein Angst, die Nachbarn könnten sich über den Lärm beschweren, den er und die Frau vielleicht machen würden. Ähm... später hatte er noch mal Frauenkleider an. Und dann sprang er aus dem Fenster. Das überlebte er aber. Da sprang er noch mal aus dem selben Fenster. Dann war er tot und der Film zu Ende.

Ja.

Der Alt-Achtundsechziger war bereits nach zwanzig Minuten gegangen. Und nach der Vorstellung fragte ich die Soziologie Studentin, ob sie vielleicht irgendwann noch einmal mit mir ins Kino gehen würde.

„Filmkunst?", fragte sie.

„Nö. Action.", sagte ich. „Am Besten was, mit ´nem Bus, der explodiert, wenn er langsamer als 55 Meilen pro Stunde fährt."

„Gibt's schon.", sagte sie.

„Ach so.", sagte ich.

Dann gingen wir getrennt nach Haus.

10 Nicht lustig

Ende der 90er, Anfang der 2000er gab es im Deutschen Fernsehen einen regelrechten Boom an Sketch-Shows. Ob „Die Dreisten Drei", „Mensch Markus", „Sechserpack", „Ladykracher", „Weibsbilder" undsoweiter, undsoweiter ... Jeder Sender versuchte, mehr oder weniger erfolgreich, an die gute, alte Tradition von Didi Hallervordens „Nonstop Nonsens" oder „Sketchup" mit Diether Krebs und Beatrice Richter anzuknüpfen. Eine anfangs noch überschaubare Zahl an Comedy-Autoren versorgte oftmals gleich mehrere Formate mit Pointen. Doch schon bald überschwemmten Text-Einsendungen von Jedem, der sich für halbwegs witzig hielt, die Briefkästen der TVProduktionen. Die Producer, Produzenten und Headwriter hatten alle Hände voll zu tun, die Unmenge an Spreu vom guten Weizen zu trennen. So überfordert nahmen die Auswahlkriterien für Sketche oft sehr skurrile Formen an.

(siehe unten)

Irgendwann konnten die Verantwortlichen selbst kaum noch beurteilen, was denn nun lustig ist, und was nicht. Naja, über Humor lässt sich bekanntlich streiten, und wenn nur Einer lacht, dann ist es doch schon lustig, oder? Jedenfalls kamen auf diesem Wege oftmals Sketche in die Shows, über die wirklich nur „Einer" lachen konnte. Und im Gegenzug blieben Texte unverfilmt und ungesendet, die es eigentlich verdient hätten, über die Mattscheibe zu flimmern...

Im Folgenden beobachten wir zunächst einen dieser
Auswahlprozesse im Büro eines TV-Produzenten.

PRODUZENTEN-BÜRO INNEN / TAG

*Der Producer sitzt an seinem Schreibtisch und telefoniert. Die
Einrichtung und Deko des Raumes lässt unschwer auf einen
TVProduzenten schließen. Ein Fernsehgerät steht auf einem
Tischchen an der Seite. Der Producer trinkt Kaffee und isst
Kuchen. Vor ihm liegt ein ganzer Stapel Sketch-Texte.*

Producer

(ins Telefon) Aber er hat doch ganz gut gearbeitet. (...) Ja, Schatz.
Natürlich... Wenn Du den neuen Regisseur nicht magst, dann
schmeiß ich ihn halt raus. (...) Kein Thema. Ich bin schließlich
der Produzent. Und: Immer noch besser so, als ob ich wieder auf
dem Sofa schlafen muss. (...) So. Ich muss jetzt Schluß machen.
Ich hab da noch eine Menge Texte für diese neue Sketch-Show
zu beurteilen. (...) Ich dich auch. Tschüßiiii!

*Der Producer legt den Telefonhörer auf und will sich ein paar
Texte vornehmen. Er schaut auf das obere Blatt des Stapels.*

Producer

So. Was haben wir denn hier? *(liest)* Der Zauberer... ein Sketch von Andreas Gaw. *(überlegt laut)* Der Gaw?!... Die Sau hat mich vor 6 Wochen mal nicht gegrüßt.

Der Producer wirft den Sketch ungelesen in einen Mülleimer.

Producer

In die Tonne. *(nimmt den nächsten Text)* So... weiter geht's... *(bemerkt, dass es fünf Seiten sind)* Viel zu lang! Wer soll denn das alles lesen?

Der Producer wirft den Text in den Mülleimer.

Producer

Adieu! *(der nächste Text)* So… *(überfliegt)* „...ein Clown kommt rein". Ich mag keine Clowns. Weg damit.

Der Producer wirft den Text weg und will einen Schluck Kaffee trinken. Dabei wirft er aus Versehen die Kaffeetasse um. Der ganze Kaffee überschwemmt die Texte.

Producer

So eine Scheiße...

Der Producer wischt den Kaffee beiseite und wirft den ganzen Stapel Texte in den Mülleimer. In dem Moment klopft es an seiner Tür.

Producer Ja?!

Die Tür öffnet sich und ein verschüchterter Headwriter kommt herein.

Producer

Ach... der Herr Chefautor. Was gibt's?
Ich hab wenig Zeit.

Headwriter

Ähm... ich wollte nur mal Fragen, ob
Sie sich die Texte für die neue SketchShow schon mal angesehen haben...?!

Producer

Jau... Das hab ich!

Headwriter

Und?

Producer

Das will ich Dir sagen... Das sind keine Sketche... das sind Zumutungen.

Hab noch nie soviel Scheiße gelesen. Die muss man noch 10mal umschreiben, bevor man sie endgültig wegwirft. Für den ganzen Ramsch gibt's nur zwei Worte: NICHT LUSTIG !!!!

Headwriter

Und jetzt?

Producer

(ungehalten) Was weiß denn ich?

Schreiben Sie irgendwas über einen Mann, der auf dem Sofa schlafen muss. Und: nicht länger als eine Seite. Kapiert!!!!

****

So, oder ähnlich, mag es sich zugetragen haben. Fakt ist jedenfalls: viele Sketche blieben auf der Strecke. Es folgen ein paar Beispiele von Texten, die es nicht geschafft haben... und das, obwohl es mindesten Einen gab, der sie lustig fand....

GESCHRIEBEN FÜR FÜR: MARCO RIMA SH OW

Titel: Marcos Wörterbuch - Wasser lassen

Ort: Kneipe

Personen: Marco / Kumpel

VORSPANN + JINGLE

Grafik eines Wörterbuchs mit dem Titel: Marcos Wörterbuch.

Texteinblendung: Wasser lassen

Off Sprecher

Marcos Wörterbuch. Heute: Wasser lassen.

KNEIPE

Marco sitzt mit seinem Kumpel am Tresen. Sie haben beide je ein Bier vor sich stehen. Der Kumpel blättert in einer Zeitung.

Kumpel

Hier steht: Urinieren in der Öffentlichkeit ist eine Ordnungswidrigkeit. Das kann mit einem Bußgeld bis zu 50 Euro geahndet werden.

Marco schüttelt den Kopf.

Marco

Nee, nee, nee „was erlassen" *(Texteinblendung Wasserlassen)* die bloß immer für dämliche Gesetze.

Beide greifen sich ihr Bier, prosten sich zu und trinken auf Ex aus.

Ende

Für: Veronas Welt
TITEL: DER GRÜNE PUNKT
   ORT: **Strasse**
   PERSONEN: **Müllmann, Mann**

STRASSE

Ein Müllmann wühlt in einer Mülltonne, fingert ein leeres Gurkenglas heraus und stellt es auf den Deckel der Tonne. Ein Mann, Plastiktüte in der Hand, kommt hinzu.

Müllmann

Das nehm´ ich nicht mit!

Der Müllmann drückt dem Mann das Gurkenglas in die Hand.

Mann

Wieso das denn nicht?

Müllmann

Das hat ´nen grünen Punkt. Das kommt in den gelben Sack.

Mann

Gelber Sack? Ich hab keinen gelben Sack.

Müllmann

Na, wir sind ja auch kein Chinese, nicht wahr? Hahaha.

Mann

Sehr witzig. Nehmen Sie das blöde Gurkenglas jetzt mit oder nicht?

Müllmann

Warum sollte ich? Es ist leer.

Mann

Natürlich ist das leer. Sonst würde ich es ja nicht wegwerfen.

Müllmann

Aber das Glas ist doch noch gut. Man könnte...Dinge hinein tun.

Mann

Ach.

Müllmann

Ja! Gummibänder, zum Beispiel. Oder Schrauben. Oder Gurken.
Paßt auch sehr schön zu dem Etikett.

Mann

Passen Sie auf. Dann schenke ich es Ihnen. Dann können Sie ja
Gurken hineintun.

*Der Müllmann nimmt es erst freudig entgegen, gibt es dann aber
wieder zurück.*

Müllmann

Das kann ich nicht annehmen.

Mann

Verstehe. Wie wär´s dann mit ...10 Mark? Oder sagen wir 15. Es
hat ja den grünen Punkt.

Müllmann

Das ist fair. Da wär ich ja blöd, wenn ich nein sage.

Das Glas wechselt für 15 Mark den Besitzer. Der Müllmann will stolz davongehen, wird aber vom Mann zurückgehalten. Der Mann fischt aus seiner Plastiktüte noch eine leere Fantaflasche und ein Senfglas.

Mann

He, warten Sie. Zufällig hab ich noch was, wo Sie echt prima Fanta einfüllen könnten und dann noch das hier. Beides für 50.

Müllmann nimmt erst die Flasche und dann das Senfglas entgegen und zahlt freudig.

Müllmann

Super, da könnt ich ja meinen Senf dazugeben. Sagen Sie, haben Sie vielleicht noch mehr davon?

Der Mann schaut erst zur Seite und nickt dann konspirativ.

Mann Wird aber nicht billig.

Schwenk auf einen übervollen Altglascontainer.

Für: Die Dreisten Drei

Titel: Ehrlicher Telefonsex 1

ORT: Küche, Schlafzimmer

PERSONEN: Mirja, Markus

SCHLAFZIMMER

Markus liegt im Bademantel auf seinem Bett. Er hat eine Zeitung vor sich, mit Anzeigen von Erotik Hotlines. Markus sucht eine heraus, greift zum Telefon und wählt die Nummer.

Markus

(ins Telefon) Nun mach schon. Natürlich will ich direkt verbunden werden.... die eins...

Markus drückt auf seinem Telefon die eins.

KÜCHE

Mirja steht in der Küche am Herd und kocht. Sie sieht ziemlich fertig aus, überhaupt nicht erotisch. Ihr Telefon klingelt. Sie geht ran.

Mirja

Hallo. Hier ist Chantal, stets bereit für eine heiße Nummer...

54

SCHLAFZIMMER

Markus macht es sich bequem.

Markus

So so. Chantal. Wie siehst du aus?

SPLITSCREEN (Küche und Schlafzimmer)

Mirja

Ich habe rote Haare, einen geilen...

Markus unterbricht sie.

Markus

Mal ganz sachte. Ich hab mal so einen Bericht im Fernsehen gesehen, über euch. Also... ich will nicht belogen werden.

Mirja

Schon klar. Also sag mir, wie möchtest du, dass ich aussehe?

Markus

Nein, nein. So geht das nicht, Chantal... *(zögert)* heißt du überhaupt Chantal?

Mirja

Nein. Ulla.

Markus

Schon besser, Ulla. Und was machst Du?

Mirja

Ich liege auf...

Markus

(streng) Ulla. Verarsch mich nicht.

Während Mirja telefoniert kocht sie weiter.

Mirja

Na schön. Ich... ich stehe am Herd und koche.

Markus

Echt? Was gibt's denn?

Mirja

Linsensuppe.

Markus

Geil. Mit Würstchen?

Mirja

Sicher.

Markus

(erregt) Oh Mann. Wie sehen die aus die Würstchen?

Mirja

Zart. In Naturdarm. Ich lasse gerade eines langsam in die Brühe gleiten.

Markus

Oh ja, jaa. Laß es reingleiten...

Markus hat sichtlich Spaß an dem Telefonat.

Ende

Titel: Der aserbaidschanische Kalender

ORT: Flur

PERSONEN: Reporter / Mann

FLUR

Reporter interviewt einen, auf den ersten Blick recht seriös wirkenden Mann.

Reporter

Neben mir steht Dr. Holtschke. Er hat die praktische Nutzbarkeit des antiken aserbaid-schanischen Kalenders auf unsere heutige Zeit untersucht.

Mann

Richtig. Der aserbaidschanische Kalender bietet erstaunliche Vorteile gegenüber allen von uns bis dato genutzten Kalendarien. Er hat zum Beispiel sage und schreibe 12 Monate.

Reporter

Ach. Aber das hat doch ... unser Kalender auch.

Mann

Soso. Hat er also?! Aber die Monate im aserbaidschanischen Kalender sind alle unterschiedlich lang. Jaha!

Reporter

Das, lieber Dr. Holtschke, trifft auf die Monate in unserem Kalender auch zu.

Mann

So. Tut es das? Sie haben sich wohl ... auf dieses Gespräch vorbereitet, wie?

Der Reporter nickt.

Mann

Gut, gut. Dann fragen sie mich doch mal nach den revolutionären Vorteilen in puncto Meeresfrüchte, die der aserbaidschanische Kalender zu bieten hat.

Reporter

Vorteile in puncto Meeresfrüchte?

Mann

Ich freue mich, daß Sie mir genau diese Frage gerade jetzt

stellen. Die

Monate im aserbaidschanischen Kalender fangen alle mit „R" an.

Rapril, Rai, Runi, Ruli, Raugust usw.

Reporter

Und ... und das freut die Fische?

Mann

Tztztztz. Wohl nicht besonders weit her, mit ihrer Vorbereitung,

was? In Monaten mit „R" darf man Muscheln essen. Ergo: nach

dem aserbaidschanischen Kalender darf man das ganze Jahr über

Muscheln essen. Toll was?!

Reporter

Aber im Mai sind die Muscheln nunmal mies. Miesmuscheln

halt. Selbst wenn Mai Rai heißt.

Mann

Schnickschnack. Dann essen sie die Muscheln halt im Rocktober.

Der hat zwei „R" Da sind sie doppelt gut!

Reporter

War´s das? Oder hat ihr Kalender noch andere die Welt revolutionierende Vorteile?

Mann

In der Tat. Die hat er. Wenn man ihn geschickt zu falten versteht kann man einen lustigen Hut daraus machen. Wie diesen.

Der Mann reicht dem Reporter einen gefalteten Papierhut.

Reporter

Herr Dr. Holtschke, mit Verlaub, sie ticken nicht ganz richtig.

Mann

Nach ihrem Kalender vielleicht. Aber in Aserbaidschan bin ich der ganz große King Shit. Ich muß los. Mein Kutter wartet.

Mann geht ab. Reporter schaut ihm nach und setzt sich den Hut auf.

ENDE

Fazit:

Ich bin sicher, dass in den Schreibtischschubladen oder auf den Festplatten unzähliger Autoren Texte vergammeln, die es eigentlich verdient hätten, gelesen, gehört oder gesehen zu werden. Oft höre ich von Schauspielern den Satz: „Es gibt ja leider so wenig gute Drehbücher". Das glaube ich nicht. Nur hat nicht jeder die Möglichkeit, sein Werk zu präsentieren. Und wenn doch, dann sitzen an den entscheidenden Stellen oft Menschen, die Qualität und Potential nicht, oder nur bedingt beurteilen können. (Ausnahmen bestätigen die Regel)

Ich erinnere mich an eine Redaktionssitzung in der TV Movie Abteilung von RTL. Ein schlechtgelaunter Redakteur betrat den Raum und polterte sofort los: „Ich hatte letzte Woche wieder 100 Manuskripte zum durchschauen. Alles nur Schrott. Nach der Hälfte habe ich aufgehört. Wann kommt endlich mal wieder so ein genialer Stoff wie *Haialarm vor Mallorca*?!

Noch Fragen?

Und ein letzter Gedanke: Viele schwärmen von der Genialität der Autorenfilme. Auch renommierte Produzenten und Redakteure. Aber warum sind die Meisten dieser Filme so gut?

Vielleicht, weil dem Autor/Regisseur niemand in seine Arbeit reingeredet hat? Weil keiner das Projekt von vorn herein schon abgelehnt hat? Maybe. Aber auch ein guter Autorenfilm muss finanziert werden. Selbst „low budget" Produktionen. Und wer die Kohle nicht zusammen bekommt, dessen Stoff verrottet weiter im Hades der vergessenen Ideen...

Hat mal wer 'nen Euro für 'nen echt tollen Film?

11 Hörst Du das auch ?

Ich sitz´ vor meiner Speisekammer

Und hör´ von drinnen leise Jammer

Mein Gott, wer mag da drinnen sitzen

Kann sein, daß da zwei Finnen schwitzen

Vielleicht ja auch drei Schweden weinen

Zumindest leis´ zu reden scheinen

Könnt´ sein, daß da vier Polen jaulen

Weil sie sich an den Sohlen kraulen

Eventuell fünf Dänen plappern

Und dabei mit den Zähnen klappern

Wär´ möglich, daß sechs Pärchen säuseln

Bis sich bei mir die Härchen kräuseln

Wahrscheinlich sieben Letten toben

Und lauthals Operetten proben

Ob drin wohl acht Slowaken stecken
Die sich mit Kakerlaken necken

Ich hab´s – es sind neun Mäuschen Chöre
Die ich aus dem Kabäuschen höre

Es sei denn ich hör´ Geister fluchen
Die hier nach ihrem Meister suchen

Ach nein
Glaub´nicht, daß sich Gespenster zoffen
Bestimmt ist nur das Fenster offen

12 Darf Er das?

Er liebt schöne Dinge

Sie auch

Er mag es, samstags die Sportschau zu sehen

Sie schaut für ihr Leben gern Shopping Queen

Er findet den Porsche Cayenne klasse

Sie schwärmt für ihr neues E-Bike

Er isst gerne Hamburger

Sie auch

Sie isst gern Gemüseauflauf

Er nicht

Er liest den Spiegel

Sie liest den Focus

Er mag Liebesfilme

Sie steht auf Actionfilme

Er findet Otto Waalkes gut

Sie kann über Carolin Kebekus lachen

Er genießt den Urlaub am Meer

Sie auch

Er schwimmt gern

Sie lässt sich gerne von der Sonne bräunen

Er sieht eine Frau im Bikini

Sie sieht einen jungen Mann mit Sixpack

Er schaut der Frau hinterher

Sie schaut dem Mann hinterher

Sie sagt: was für ein geiler Body

Er sagt: was für ein schöner Körper

Sie sagt: das war jetzt aber sexistisch, du Schwein

Er sagt … nichts mehr

13 Darf Sie das?

Sie sah aus dem Fenster. Vorsichtig, die Gardine nur ganz leicht zurück gezogen. Ob er wohl schon wieder hinter der Hecke stand und sie beobachtete? Sie war sich nicht sicher. Da. Ein Schatten. Nein, doch nicht. Spielende Kinder.

Das Telefon klingelte. Sie hob ab. Niemand dran. Schon das achte mal in dieser Woche. Er soll aufhören!

Ein weiterer Blick aus dem Fenster. Da steht er doch, oder? Da, hinter dem Lieferwagen. Der Wagen fuhr weg. Niemand da. „Ich bin schon paranoid."

Die Nacht war unruhig. Zweimal klingelte das Telefon. Sie blieb zitternd im Bett liegen. Ging nicht ran. Morgen würde sie sich eine neue Nummer geben lassen.

Am nächsten Tag ging sie schon ganz früh einkaufen.

Immer mit Seitenblick. Steht er irgendwo? Wartet er hinter einem Regal? Fängt er sie beim Verlassen des Supermarktes ab?

Diese ständige Angst.

Seit Monaten ging das nun schon so.

Sie hatte fast 10 Kilo abgenommen in der Zeit. Konnte nicht richtig essen. Hatte nie Appetit. War mit den Nerven runter. Und ihre Anzeige? So wirklich kümmerte sich keiner darum.

Sie fühlte sich allein gelassen.

Jedes mal, wenn sie vom Supermarkt nach hause ging, nahm sie einen anderen Weg. Auch diesmal.

Vorbei an einer Sisha-Bar. Davor saßen ein paar junge Typen. So früh am Morgen schon.

Als sie etwa auf selber Höhe war, hörte sie, wie einer der Kerle zu einem Anderen sagte: „Geil, Digger. Die würde ich gern flach legen!"

Das war zuviel.

Sie nahm ein Netz mit Apfelsinen aus ihrer Einkaufstasche und prügelte, ohne Nachzudenken, auf die Typen ein.

Völlig überrascht von der Attacke verzogen sie die Kerle fluchend zurück ins Innere der Bar.

„Ist die jetzt völlig durchgeknallt? Blöde Schlampe!"

Das Netz mit den Apfelsinen war aufgeplatzt. Die Früchte kullerten über den Gehweg. Sie zitterte am ganzen Körper.

„Das war okay, dass ich das gemacht habe.", beruhigte sie sich selbst. „Das war okay."

Ein älterer Herr hatte die Szene aus der Ferne beobachtet. Er fand es richtig, was die Frau getan hatte.

Der Herr ging zu ihr rüber. Er wollte sie loben, für ihre Courage.

„Das war wirklich....", sagte er, doch weiter kam er nicht.

Sie fuhr herum und trat ihm mit aller Wucht in die Eier.

Darf sie das?

Manchmal kann man nicht differenzieren. Muss in Bruchteilen von Sekunden entscheiden.

Nachdem der Schmerz sich ein wenig gelegt hatte, lächelte der ältere Herr die Frau an. Schon okay.

Später tranken beide einen Kaffee zusammen.

Sie erzählte dem Mann von ihrem Stalker. Er versprach der Frau zu helfen.

Das tat er dann auch. Er unterstützte sie dabei möglichst schnell eine neue Telefonnummer zu bekommen. Ging erneut mit ihr zur Polizei. Legte sich selbst auf die Lauer, um den Stalker abzufangen.

Die Frau war ihm dankbar. Bis er eines Tages sagte: „Es ist mir eine Ehre einer hübschen Frau wie ihnen zu helfen."

Der Herr war nunmal „älterer Schule". Er hatte keine Hintergedanken bei dem Satz. Er war in einer Zeit aufgewachsen, als man Frauen solche Komplimente machte. Ganz selbstverständlich.

Zu seiner Zeit gab es „Studenten". Das waren alle, die an der Uni eingeschrieben waren. Egal ob Mann oder Frau. Studenten und Studentinnen sagte man nicht.

Auch öffnete man den Damen die Autotür oder bezahlte selbstverständlich den Kaffee. Umso mehr war der ältere Herr erstaunt, dass Sie ihn bat, nicht mehr bei ihr vorbei zu schauen. Nie wieder.

Er respektierte ihren Wunsch.

Ein paar Tage später ging sie abends ins Fitness-Studio. Nach dem Kurs zog sie sich um und machte sich auf den Heimweg. Da ziemlich schlechtes Wetter war, zog sie die Kapuze ihrer Jacke tief ins Gesicht. Sie fror, wollte möglichst schnell heim und unter die warme Dusche.

Normalerweise scheute sie nach Einbruch der Dämmerung den Weg durch den Park. Aber an diesem Abend, als der Wind und der Nieselregen an ihren Kleidern und ihrer Stimmung zerrten, entschied sie sich für die Abkürzung. Schnellen Schrittes bog sie in den Weg am Weiher ein. In einiger Entfernung vor sich sah sie eine Gestalt, die ebenfalls im Park unterwegs war. Anscheinend hatte sie die selbe Strecke vor sich, denn die Person bog immer exakt in die selben Wege ein, die auch sie nehmen musste. Der Abstand zwischen den beiden verringerte sich. Die Gestalt ging langsamer als sie, so dass sie beschloss, die Person vor sich zu überholen. Also ging sie noch einen Schritt schneller. Die Person

70

vor ihr schien, was Größe und Statur anging, eine Frau zu sein. Kein Kerl. Nicht ihr Stalker.

Als sie dicht hinter der Gestalt war, bliebt diese plötzlich unvermittelt stehen und drehte sich abrupt um. Keine Zeit zu reagieren. Die Person hatte eine Dose Pfefferspray in der Hand und feuerte eine Ladung ab.

„Du Schwein!", brüllte die Frau, „Hör auf mich zu verfolgen!" Dann rannte die Person weg.

Sie ging in die Knie und rieb sich die brennenden Augen.

„Ich hab dich nicht verfolgt!", rief sie der Flüchtenden hinterher. „Ich hatte doch nur den gleichen Weg!"

Das Pfefferspray brannte höllisch. „Sie hat mich einfach attackiert.", dachte sie. „Einfach so, ohne zu überlegen." Darf die das?

Später nahm sie zuhause eine warme Dusche. Allmählich ließ das Brennen in ihren Augen nach.

Im Bett dachte sie noch einmal über den Vorfall nach. Sicher, für die Frau vor ihr muss es den Anschein gehabt haben, als würde sie verfolgt. Wer weiß, was die Person schon für schlechte Erfahrungen gemacht hat. Aber trotzdem. Muss man denn so reagieren?

Wahrscheinlich ja.

Ihre Gedanken kreisten um das Thema „Verhältnismäßigkeit". Stand es in einem angemessenen Verhältnis den älteren Herrn aus der Wohnung zu werfen, nur weil er „hübsche Frau" zu ihr gesagt hatte?

Stand es in angemessenem Verhältnis, jemanden mit Pfefferspray zu attackieren, nur weil man den selben Heimweg hat?

Es war und blieb kompliziert. Unruhig schlief sie ein.

In den kommenden Wochen blieb es friedlich. Keine ominösen Anrufe mehr. Kein „Schatten" vor dem Fenster. Anscheinend hatte ihr Stalker von ihr abgelassen.

Die Tage vergingen. Die Wochen und Monate.

Langsam kam ihr die Zeit der Angst vor, wie ein böser Schatten der Vergangenheit. Sie ging wieder öfter „unter die Leute". Ohne Beklemmungen.

Eines Tages lernte sie einen jungen, gutaussehenden Mann kennen. Er machte ihr Komplimente. Das gefiel ihr. Die Zwei gingen des Öfteren zusammen aus.

Einmal verbrachten sie einen gemeinsamen Nachmittag in einem kleinen Café am See. Sie flirteten miteinander. Ein paar Tische weiter saß der ältere Herr. Sie lächelte zu ihm rüber. Winkte, er solle sich doch zu ihnen setzen.

Der Herr stand auf und ging. Wortlos.

Ihre Begleitung wollte wissen, wer der Mann war.

„Ach. Niemand.", sagte sie. „Irgend ein alter Sack, der mich mal angebaggert hat."

Kaum hatte sie das gesagt, schämte sie sich dafür. Sie stand auf und rannte dem älteren Herrn hinterher. Sie holte ihn ein und entschuldigte sich für ihr Verhalten von damals.

„Schon gut.", sagte der ältere Herr. Sie wollte wissen, wie es ihm geht. Er zuckte mit den Schultern.

„Ich bin verunsichert.", antwortete er. „Ich weiß nicht mehr, was ich sagen darf und was nicht. Was ist richtig? Was ist falsch?"

Sie hakte den Herrn unter und bugsierte ihn zurück zum Tisch.

Ihr Begleiter wusste nicht genau, was er von der Situation halten sollte. 'Der alte Sack, der seine Freundin mal angebaggert hat... jetzt hier am Tisch, als gehöre er zur Familie'.

Man trank Kaffee zusammen, aß ein Stück Kuchen. Irgendwann kam die Kellnerin mit der Rechnung. Der junge Mann nahm die Rechnung entgegen, lächelte die Bedienung an, sagte „Na, hübsche Frau, was kostet denn der Spaß bei dir?"

Die Kellnerin lachte und flirtete ein wenig mit dem jungen Mann. Darf die das?

Der ältere Mann stand wortlos auf und ging.

Auf dem Heimweg fragte sie ihren Begleiter, was denn das „Geflirte" mit der Kellnerin eben sollte.

Er entgegnete, das sei doch ganz normal. Keine Hintergedanken. Nur ein lockerer Spruch.

Sie gab sich mit der Antwort zufrieden.

Schweigend gingen die beiden zu ihr nach Hause.

In der kommenden Nacht schliefen sie das erste Mal miteinander.

Wenige Wochen später zogen sie zusammen. Anfangs lief alles gut. Aber mit der Zeit stellte sich heraus, dass er ein ziemlicher Macho war. Eine Weile ertrug sie sein Gehabe, aber irgendwann hatte sie die Nase voll. Sie trennte sich von ihm.

Das verletzte sein Ego.

Und jetzt steht sie wieder am Fenster und schaut heimlich hinaus um zu sehen, ob er irgendwo auf sie lauert.

Sie wünscht sich, der ältere Herr wäre bei ihr und würde ihr wieder helfen.

Aber sie weiß ja weder seinen Namen, noch hat sie seine Adresse oder Telefonnummer.

Traurig geht sie ins Bett. Sie betrachtet ihr Leben und fragt sich, ob sie selbst Schuld daran hat, wie alles gelaufen ist. Vielleicht. Vielleicht auch nicht.

Sie weint.

Darf sie das?

Dann lacht sie unvermittelt.

Darf sie das?

Dann steht sie auf und gießt sich ein Glas Wein ein.

Darf sie das?

Sie hört „Pink Floyd" - „Wish you were here" - volle Lautstärke.

Darf sie das?

Dann sackt sie neben ihrem Bett zusammen und bricht erneut in Tränen aus.

Darf sie das?

Sie verzweifelt fast daran, dass das Leben ein Chaos ist, und niemand mehr weiß, was „gut" und was „böse" ist.

Sie wünscht sich eine Welt, in der alle respektvoll miteinander umgehen.

Darf sie das?

Ja!

JA!

14 Die Reisen des Herrn M. (Teil 2)

So hatte Herr M. es also doch noch rechtzeitig zum Bahnhof geschafft. Sehr zum Leidwesen einiger seiner Pflanzen. Denn als Herr M. kurz vor 14 Uhr feststellte, dass er noch immer nicht allen seiner Gewächse das adäquate Abschiedsritual geboten hatte, beschloss er, das verbleibende Grünzeug kurzerhand in der Toilette herunter zu spülen. Auf diese Weise würden ihm nicht die marternden Vorwürfe vernachlässigter Blumen seine Reise versauen. Kurze Panik er könne den Zug verpassen kam dennoch in ihm auf, als ein widerspenstiger Fikus den Ablauf des Klos verstopfte und für eine leichte Überschwemmung in Herr M.'s Badezimmer sorgte. Letztlich waren nun aber die ersten hundertzwanzig Pflanzen zufrieden gestellt, die Verbleibenden nachhaltig entsorgt, und so konnte Herr M. sich munter auf seine bevorstehende Paris-Reise freuen. Er packte noch vorsorglich einen frischen, grünen Apfel und sein scharfes Gemüse-Messer in seine Tasche. Dann konnte es losgehen.

Der Zug hatte, sehr zu Herrn M.'s Überraschung, nur zweieinhalb Minuten Verspätung. Sein reservierter Sitzplatz war weder verschmutzt noch von irgendeinem Jugendlichen mit Smartphone belegt, und die Sonne stand so, dass Herr M. nicht geblendet werden würde wenn er aus dem Fenster schauen wollte. Perfekte Voraussetzungen für eine Reise.

Die erste Stunde seiner Fahrt verbrachte er damit, die Rauten auf dem Polster des freien Sitzes neben ihm zu zählen. Obwohl es nur achthundert-zweiundsechzig Stück waren, benötigte Herr M. ausgesprochen lange für das Zählen, da er einmal vom fahrkartenkontrollierenden Schaffner, und dann noch von einer älteren Frau, die ihren Sitzplatz nicht finden konnte, abgelenkt wurde. Nachdem Herr M. die Rautenzahl ermittelt hatte, trug er diese fein säuberlich in sein kleines, schwarz-rotes Notizbuch ein. Danach entschied sich der Reisende dazu, die Welt durch das Fenster des fahrenden Zuges zu beäugen. Herr M. stellte fest, dass die Mehrheit der Einfamilienhäuser, die er im Vorbeifahren sehen konnte, rote Dächer hatten. Nicht, dass ihn dieser Umstand irgendwie gewundert hätte, denn so etwas hatte er ja bereits geahnt. Dennoch notierte er auch diese Entdeckung in seinem Büchlein. Man weiß ja nie, wofür es mal gut ist.

Herr M. schaute auf seine goldene Armbanduhr. Die Zugfahrt würde noch ungefähr sechs Stunden und dreizehn Minuten dauern, vorausgesetzt es gäbe keine Verspätung. Zwei Stunden und siebzehn Minuten der verbleibenden Zeit würde der Zug noch bis Karlsruhe brauchen. Dort hätte er neunundzwanzig Minuten zum Umsteigen, und dann wären es noch einmal drei Stunden und drei Minuten bis zum Pariser Ostbahnhof. Wie gesagt, immer unter der Prämisse, dass es keine weiteren Verspätungen geben würde.

Nachdem Herr M. seinen Apfel geschält und verzehrt hatte,

holte er ein geblümtes, rechteckiges Reisekissen aus seiner Reisetasche, sowie seinen faltbaren Reisewecker. Die Weckzeit stellte er auf sechs Minuten vor Ankunft in Karlsruhe. Dann platzierte er die kleine Uhr auf dem ausklappbaren Tisch in der Lehne des Sitzes vor sich. Sein Kissen drapierte Herr M. umständlich zwischen seiner linken Schläfe und dem vibrierenden Seitenfenster des Zuges. Reisen machte ihn immer sehr schläfrig. Und schon wenige Augenblicke später war Herr M. tief und fest eingeschlafen. Er sabberte ein wenig.

Das müssen wir uns an dieser Stelle nicht länger ansehen. Ich denke, wir kommen wieder zu ihm zurück, wenn er in Karlsruhe umsteigt.

Also, bis dann....

15 Erkennen

Vieles, sagt man wird Gewohnheit
Es spielt sich ein und läuft
Wie eine Uhr

Man sagt, der Reiz
Er ging verloren
Und würde stumpf
Vom Glanz bleibt keine Spur

Das ist nicht wahr
Denn jeder Tag ist neu
Ein Blick gleich keinem andern
Ein Lächeln
Und ein zartes Wort

Es liegt an uns
Das Wunder zu erkennen

Zu sehen das Geschenk
Zu spüren seine Kraft

Auch wenn es stürmt

Darf man nicht resignieren

Der Blick nach vorn

Es lohnt ein jeder Tag

Es ist Magie

Die kann man nicht zerstören

Was immer kommt

Was immer sein mag

Wenn etwas lohnt dafür zu kämpfen

Dann ist es Liebe

Die uns inne wohnt

Für heute

Morgen

Und für alle Zeiten

16   Im Akkord

Ich schreib jetzt schnell noch zwei Gedichte
Nicht grosse Reime, eher schlichte

Der Mann da hinten, der ist bärtig
Das erste wär dann schon mal fertig

Und jetzt noch schnell den zweiten Reim
Ist der geschrieben, fahr ich heim
Der Mann da hinten trägt ´nen Hut
Ach nee, der Vers ist echt nicht gut

Das Dichten laß ich heute sein
Was Tolles fällt mir auch nicht ein
Das ist das Ende der Geschichte
Na sieh mal an: schon drei Gedichte

17 Ein Weihnachtsgedicht

Der Tannenbaum hängt voll Lametta

Da drunter liegt mein dicker Vetter

Und packt seine Geschenke aus

Er kriegt von mir eine Isetta

Zum Skilaufen noch ein paar Bretta

Dann puste ich die Kerzen aus

18 Nach dem Urlaub

Der gemeinsame Urlaub am Meer war schön.

Joe hatte Freude an Sonne und Wellen. Tom machte lange Spaziergänge am Strand.

Abends saßen sie zusammen in Cafés mit Meerblick und gingen später noch in den einen oder anderen Club.

Sie waren nicht hier her gekommen, um Frauen abzuschleppen.

Dennoch galt: sollte sich etwas ergeben, dann überlässt der Eine dem Anderen das gemeinsame Zimmer für den One-Night-Stand.

Aber es ergab sich nichts. Im ganzen Urlaub. Keine Eroberung.

Joe machte das Frühstück, während Tom immer etwas länger schlief.

Das war okay. Die kleine Küchenzeile im Urlaubsappartement war gut ausgestattet.

Joe hatte Spaß daran, Rührei zu rühren und Kaffee aufzubrühen.

Tom setzte sich dann an den gemachten Frühstückstisch.

Jeden Morgen.

Nach dem Frühstück räumte Joe den Tisch ab und machte die Küche sauber.

Tom setzte sich auf den Balkon, rauchte eine Zigarette und spielte am Handy.

Joe hatte kein Problem damit.

Später ging es dann an den Strand.

Nach dem Urlaub trafen sich die Zwei zur „Nachbereitung".

Joe sagte, er habe einen schönen Urlaub mit Tom gehabt.

Tom sagte: „Ich lass das Ganze mal kurz sacken. Derweil geh' ich jetzt erstmal kacken."

Vom Stuhlgang zurück kommend, bemerkte Tom, dass Joe ihm ein kaltes Bier geholt hatte.

Da wurde er sauer.

Tom: „Den ganzen Urlaub hast du so getan, als seist du meine Mutter. Hast gekocht, geputzt, gewaschen, aufgeräumt... und jetzt holst du mir sogar noch das Bier. Wer glaubst du eigentlich, wer du bist?"

Tom beendete die Freundschaft.

Joe war traurig. Er fragte sich, was er wohl falsch gemacht habe.

Aber Tom reagierte weder auf Mails, noch auf Anrufe.

Joe war wirklich traurig.

Im nächsten Jahr fuhren die Zwei getrennt in den Urlaub.

Tom hatte Kevin dabei.

Kevin schlief gern lange. Er machte kein Frühstück. Tom war genervt.

Bei der „Nachbereitung" machte Tom reinen Tisch. Kevin sei eine „faule Sau".

Tom beendete die Freundschaft.

Er dachte an Joe.

Aber nur kurz. Denn eigentlich war Joe, nach dem Katastrophenurlaub vom vorletzten Jahr für ihn gestorben.

Im kommenden Jahr fuhr Tom allein in den Urlaub. Er schlief lange und machte sich anschließend selbst das Frühstück. Ohne Eier. Viel zu viel Aufwand.

Als der Urlaub zu Ende war, machte Tom mit sich eine „Nachbereitung".

Er ärgerte sich über so Einiges, und schließlich kündigte er sich die Freundschaft.

Die kommenden Jahre blieb er zuhause.

19   BJÖRN SCHLÄGT ZURÜCK - Eine Leseprobe

Vorgeschichte:

An seinem 35. Geburtstag sitzt Björn abends allein zuhause. Auf Grund einer Intrige eines Arbeitskollegen ist niemand zu seiner Party erschienen. Frustriert lässt Björn sich vollaufen. Er gerät in einen Streit mit seinem Wohnungsnachbarn, der sich über Björns laute Musik beschwert.

Nur einmal im Jahr fährt Björn den Lautstärkeregler auf Fünf hoch. Aber wenn der Nachbar mehrmals pro Woche seine Volksmusik auf Zehn abspielt, muss Björn sich das gefallen lassen. Warum gibt es keine Gerechtigkeit auf dieser Welt? Björn torkelt zur Stereoanlage. Bei dem Versuch, umständlich über einen Stapel Platten hinweg zu klettern, verliert er das Gleichgewicht. Björn fällt auf seine Anlage. Der Whiskey aus seinem Glas schwappt über. Björn bekommt einen Stromschlag, der sein Leben verändern soll.

Ausgelöst durch den Strom entwickelt Björn eine suggestive Fähigkeit. Er kann das Verhalten anderer Menschen beeinflussen. Björn kann nicht zaubern. Er kann auch keine Dinge verschwinden lassen, oder ähnliches. Aber er kann Anderen suggerieren, ihr Verhalten zu ändern. Eine Begegnung mit seinem Nachbar, der auf einmal ungewöhnlich freundlich reagiert, und weitere „Indizien" lassen Björn erahnen, dass etwas Merkwürdiges mit ihm geschehen ist. Am Telefon berichtet er seinem besten Freund Witzel davon, und beschließt, ihn an seiner Arbeitsstätte zu besuchen...

Es war kurz vor sechs, als Björn die Bar betrat, in der Witzel arbeitete. Kurz vor „Happy Hour". Witzel hatte die kreidebeschriebene Tafel mit dem Hinweis auf preisreduzierte Drinks von 18 bis 20 Uhr schon vor längerer Zeit mit dem Schriftzug „Sad Hour" übermalt. Er fand es traurig, dass Leute sich nur betranken, weil die Margaritas zum halben Preis über den Tresen gingen.

„Es gibt wichtigere Gründe im Leben sich zu besaufen, als Rabatt auf Alk!", sagte er immer.

Björn sah sich um. In so mancher Toilettenkabine war zurzeit sicher mehr los, als hier. Ein hagerer Mitt-Zwanziger in schlecht sitzendem, aber sicher teurem Anzug spielte am Ende der Theke mit einer Schachtel Benson & Hedges. An einem Ecktisch versuchte ein Buchhalter mit seinem Bierdeckeltürmchen ins Guiness-Buch zu kommen. Das war's.

Witzel wischte mit einem verdreckten Lappen über die Spüle und tauchte den Fetzen anschließend zum Auswaschen ins Gläserbecken. Björn setzte sich ihm gegenüber auf einen Barhocker. Witzel schaute kurz hoch und grinste.

„Na, Alter... was denke ich jetzt?", begrüßte er seinen Kumpel.

„Ich kann doch nicht Gedanken lesen.", entgegnete Björn.

„Wieso nicht? Das haste mir doch am Telefon erzählt!"

Das war typisch für Witzel. Er hatte wieder einmal nur das verstanden, was er verstehen wollte. Als Björn ihm vor einer Stunde am Handy von seinen „merkwürdigen Fähigkeiten" berichtet hatte, war das Wort „Gedankenlesen" nicht mal im Ansatz gefallen.

Witzel gab Björn eine Flasche Weizenbier und ein Glas.

„Anscheinend kannst <u>du</u> Gedanken lesen...", murmelte Björn, während er sich einschenkte. Witzel zuckte mit den Schultern und goss sich selbst einen kleinen Whiskey ein. Die Freunde prosteten sich wortlos zu, tranken und stellten ihre Gläser ab. Dann schaute Witzel Björn erwartungsvoll an. „Leg los", sagte der Blick. Björn fuhr sich mit der Zunge über Zähne und Lippen. Er suchte nach Worten, aber dort fand er keine.

„Naja... also...", druckste er rum, „Wie gesagt, ich kann irgendwie die Leute beeinflussen. Daß sie was anderes denken. Was... Nettes denken. Ich weiß auch nicht. Seit ich diesen Stromschlag gekriegt hab...!"

„Klar. Verstehe.", erwiderte Witzel, bemüht ernst zu bleiben. „Ich hab auch schon mal einen gewischt gekriegt. Da konnte ich sogar hören, was die Engel sagen."

Leicht genervt verdrehte Björn die Augen. Natürlich war es nicht leicht zu kapieren, was da mit ihm passiert war. Genau genommen wusste er es ja selbst nicht einmal. Wie also sollte er diese komische Bewusstseinsveränderung jemandem anderen plausibel machen. Umständliche Erklärungen würden da nichts nutzen. Aber eine Demonstration der Fähigkeiten könnte Aufschluss bringen. Björn sah sich in der Kneipe nach einem potentiellen Probanden um. Der Anzugträger am Ende der Bar zündete sich gerade eine Zigarette an. Mit dem könnte es klappen. Björn machte Witzel auf dem Raucher aufmerksam.

„Ich zeig dir jetzt mal, was ich meine." flüsterte Björn dem skeptischen Witzel zu. „Du gehst jetzt zu dem Typ da rüber, fragst ihn, ob er noch etwas haben will, hustest ein wenig und kommst dann zurück. Kapiert?"

Witzel schüttelte den Kopf. Versteh nur Bahnhof. Trotzdem folgte er Björns Anweisungen. Er wechselte ein paar Worte mit dem „Opfer", hüstelte, wie befohlen und kam zurück zum Ausgangspunkt.

„Er wollte einen Cuba Libre.", stellte Witzel sachlich fest.

„Hast du ihm das telepathisch aufgetragen, oder was?"

„Blödsinn." Björn schüttelte den Kopf. „Aber hast du gesehen, dass der Kerl dir den Rauch ungeniert in die Nüstern gepustet hat? Ohne Rücksicht auf seine Umwelt. Er hat sich nicht mal zur Seite gedreht."

„Was erwartest du von jemandem mit ´ner 1000-EuroKutte?", gab Witzel zurück, der noch immer nicht verstand, worauf Björn hinaus wollte.

„Nur etwas weniger Gedankenlosigkeit. Mehr erwarte ich von keinem.", stellte Björn sachlich fest. „Und jetzt pass auf!"

Björn atmete ein paar Mal tief durch und trank dann sein Weizenbier auf Ex aus.

„Große Leistung!" applaudierte Witzel.

Doch Björn ignorierte ihn und begann, sich zu konzentrieren. Er schaute den Raucher einen Augenblick intensiv an, dann schloss der „Suggestions-Künstler" seine Augen.

„Du bist egoistisch! Nimm Rücksicht!", betete Björn leise vor sich her und „schickte" seine Gedanken zu dem Mann am Ende der Theke.

Björn öffnete seine Augen, in dem Augenblick, als der Anzugtyp aufstand und sich auf ihn und Witzel zubewegte.

„Gleich kriegste einen in die Fresse...!" raunte Witzel seinem etwas verunsicherten Freund zu.

Der Raucher baute sich vor den beiden auf. Durch das weiße T-Shirt unter seinem Sakko zeichneten sich Muskeln ab, die mindestens auf eine Jahreskarte in der örtlichen „Mucki-Bude" schließen ließen. Der Typ hob seine glimmende Zigarette hoch und es sah für einen Moment so aus, als wolle er sie in der letzten kleinen Schaumpfütze in Björns Weizenglas ertränken. Der Mann lächelte freundlich und etwas schuldbewusst.

„Sorry!", sagte er entschuldigend, „ich paffe hier einfach vor

90

mich hin, ohne dran zu denken, dass ich vielleicht jemanden damit stören könnte..."

„Schon gut...", wollte Witzel beschwichtigend ansetzen. Björn zupfte ihm am biernassen Hemdsärmel. „Still jetzt". Dann setzte der Meister der Suggestion eine etwas freundlichere Miene auf. „Da hätten Sie auch schon etwas eher drauf kommen können."

„Naja...", erwiderte der Raucher ertappt, „ich hab einfach nicht dran gedacht, dass man auch mal Rücksicht nehmen sollte. Und dann, ganz plötzlich, vor so zehn Sekunden, da macht es `plöpp` in meinem Kopf... und da fiel mir ein, dass ich mich ziemlich egoistisch verhalte...!"

Björn warf Witzel einen triumphierenden Seitenblick zu. Dann schaute er gönnerisch zu dem Mann im Anzug.

„Löbliche Erkenntnis! Besser spät, als nie. Mach einfach die Kippe aus, und schwamm drüber."

Der Mann tat, wie ihm geheißen, nickte noch einmal zaghaft und verzog sich wieder an die äußerste Ecke der Theke.

Björn hob die Augenbrauen und schaute Witzel selbstbewusst an.

„Genau das meinte ich."

Witzel blickte zu der traurigen Gestalt am Ende des Tresens. Der Mann begutachtete unglücklich die Zigaretten in seiner Schachtel. Vorsichtig nahm er eine heraus, drehte sie mehrmals zwischen den Fingern und schob sie dann wieder zurück in ihr Häuschen.

„Vielleicht wollte er ja sowieso mit dem Rauchen aufhören", gab Witzel zu bedenken. „Kann ja Zufall gewesen sein."

Björn schüttelte energisch den Kopf.

„Nein. Nein, nein. Das glaub ich nicht. Ich meine: ich weiß, dass ich das gemacht habe."

Björn war sich seiner Sache sicher. Zufälle gab es seiner Meinung nach im Leben sowieso fast nie. Björn glaubte zwar nicht bis zur letzten Konsequenz an einen vorbestimmten Lebensweg, dennoch hatte er die Theorie, dass einem vermeintlichen Zufall hundert weitere Zufälle vorausgehen, sodass dieser Zufall kein Zufall mehr sein kann. Wie damals, als bei ihm eingebrochen wurde. An einem Dienstagabend, an dem Björn traditionell immer zuhause ist, und einer langen Gewohnheit folgend bei einer guten Flasche Wein den „Kicker" liest. Nur an jenem Abend, als jemand über den Balkon gewaltsam in Björns Schlafzimmer eindrang, war er ausnahmsweise nicht zu Hause. Denn er lag im Krankenhaus. Eingeliefert mit einer Unterarmfraktur, nachdem er unglücklich gestürzt war, als er einem Radfahrer ausweichen wollte. In der Fußgängerzone, unmittelbar vor dem Fotogeschäft, vom welchem Björn seine Urlaubsbilder abholen wollte. Das hatte er ursprünglich schon einen Tag eher vor gehabt, doch an dem entsprechenden Montag war er ein paar Minuten zu spät dran. Das Geschäft hatte bereits geschlossen. Eigentlich ist Björn in solchen Dingen immer überpünktlich. Nur eben nicht an diesem Tag, da ein polnischer Kleinlaster in der Einfahrt zu der Tiefgarage stecken geblieben war, in der Björn für gewöhnlich parkte. Verkeilt hatte sich der Laster, da der Fahrer die Höhe der Einfahrt nicht richtig abschätzen konnte. Schließlich hatten tags zuvor zwei betrunkene Hannoveraner Eishockeyfans aus Frust über die Niederlage ihres Heimteams das weiß-rot gestreifte Schild mit der Höhenangabe aus der Verankerung geschlagen. Die Hockeycracks aus Hannover hatte allerdings nur verloren, weil der Torwart der Niedersachsen wegen Magenkrämpfen ausgewechselt werden musste. Die stammten von der aufgewärmten Linsensuppe, die ihm seine Frau am Abend zuvor serviert hatte...

Nach Björns Theorie war also eigentlich die Frau der Torwarts Schuld am Einbruch in seiner Wohnung. Genauso wie die ExFreundin des Radfahrers, dem Björn in der Fußgängerzone ausgewichen war. Denn diese hatte die Luft aus den Fahrradreifen ihres Verflossenen gelassen. Und hätte der nicht noch aufpumpen müssen, hätte der die Stelle des Zusammenstoßes mit Björn schon viel eher passiert.

„Nein!" insistierte Björn erneut, „der Typ wollte nicht sowieso mit dem Rauchen aufhören. Das war kein Zufall. Und vielleicht ist er ja auch ausgerechnet heute hier in der Bar, damit er durch mich etwas lernt...!"

„Und was? Dass Cocktails ohne Kippen nur halb so gut schmecken?", stichelte Witzel nach.

Missmutig saugte der Anzugträger seinen Cuba Libre durch einen geriffelten Strohhalm und warf einen genervten Blick in die Runde. Sein Blick erhellte sich, als er eine junge Frau in die Bar kommen sah. Sie trug einen knielangen, dunkelblauen Rock und eine helle Bluse. Die langen braunen Haare waren züchtig hochgesteckt und ihre dunklen Augen verbarg sie hinter einer dicken Hornbrille. Sie war der Typ Chefsekretärin. Eine Frau, von der man genau weiß, dass sie nur die Haarspange zu öffnen und die Brille abzunehmen braucht und aus Cinderella wird die hübsche Prinzessin. Auch Björn und Witzel beäugten die neue Besucherin. Björn war sich allerdings nicht ganz sicher, ob eine „Demaskierung" sie wirklich zur Göttin machen würde. Er hatte die Theorie, dass Frauen, die im Grunde nicht wirklich attraktiv sind, sich ganz bewusst durch dicke Brille und „Oma-Frisur" entstellen, um den Männern die Illusion zu geben, hinter der Maskerade verberge sich eine wahre Schönheit. Sowas wie eine negative Mogelpackung. Und wenn man mit ihnen zusammen ist, bittet man sie inständig, auch im Bett die Brille aufzulassen, um die Illusion nicht zu zerstören. Doch im Fall der „Chefsekretärin" war das anders. Sie setzte sich an einen Ecktisch und schaute auf ihre strassbesetzte Armbanduhr. Punkt sechs begann die Happy Hour und ihr Feierabend. Die junge Frau entfernte gekonnt ihr

Haarband und ließ die üppigen Locken einer Shampoo-Werbung gleich über ihre Schultern fallen. Das Kassengestell wanderte in sein Etui und der Kurzsichtigkeit wurde durch eine feingliedrige Goldbrille entgegengewirkt. Perfekt. Die anwesenden Herren konnten sich nur schwer zurückhalten. Witzel fand als erster einen Grund, die Dame anzusprechen. Er ging zu ihr an den Tisch und nahm die Bestellung auf. Eins, zwei kurze Scherze, dann kam er fröhlich pfeifend zurück und mixte einen Sunshine Flip. „Ich glaub, die steht auf mich.", kommentierte Witzel seine gute Laune.

Im Grunde war er der Meinung, alle Frauen würden auf ihn stehen. Oder sie würden es spätestens dann tun, wenn sie merkten, was für ein netter Kerl er doch sei.

„Vergiß es.", versuchte Björn seinen Kumpel zu desillusionieren. „Die ist nicht deine Kragenweite. Für so eine musst du einen Porsche in der Garage haben, und kein altes Hollandrad!"

„Immerhin hat mein Drahtesel einen original „Atomkraftnein-danke"-Aufkleber von 1979 auf dem Schutzblech. Das macht einiges her.", gab Witzel zurück, während er diverse Früchte um den Rand eines Cocktailglases drapierte.

„Sprich mich an. Sprich mich an…", murmelte Björn plötzlich leise vor sich hin.

„Fängste schon wieder an zu suggerieren, oder was?", wollte Witzel wissen.

Aber Björn war zu konzentriert, um die Frage wahrzunehmen. Ohne Unterlass sendete er seine „Schwingungen" an den Tisch in der Ecke. Und dann geschah es: die „Chefsekretärin" stand auf, rückte möglichst unauffällig ihren BH zurecht, und ging mit Monroe-mässigem Hüftschwung auf Björn zu.

„Ich glaub es einfach nicht.", raunte Björn seinem Freund zu.

„Für so eine bin ich normalerweise Luft!"

Jetzt war die Schönheit nur noch ein paar Schritte von Björn entfernt. Er wurde nervös, hatte feuchte Hände und rutschte leicht auf dem Barhocker hin und her. Dann stand sie vor ihm. Die Göttin des Sekretärinnen-Ghettos sah ihm direkt in die Augen und schenkte ihm ein beruhigendes Lächeln. Ein „keine-Angstdu-musst-nicht-nervös-sein"-Lächeln. Die Art Freundlichkeit, die Krankenschwestern angeboren scheint und die sie immer dann einsetzen, wenn sie kurz danach mit einer 250ml Spritze zustechen. Und noch einen Trick hatte die Schöne drauf. Sanft legte sie ihre Hand an Björns Oberarm. Kaum ein Hauch einer Berührung, doch Björn kam es vor, als habe Sie ihn fest im Griff.

Wie die Manschette eines Blutdruck-Meßgerätes.

„Hallo!"

Ihre Stimme klang zärtlich, und ein wenig herausfordernd. „Es hat geklappt!", schoss es Björn durch den Kopf. „Sie hat mich angesprochen. Mit meinen Gedanken habe ich sie hier her zitiert und sie hat mich angesprochen. Gleich will sie wissen, ob ich den Abend mit ihr verbringe."

Björn schluckte schwer. Dann brachte er schließlich ein halbwegs souveränes „Natürlich" über die Lippen.

„Natürlich was?", hakte die Frau nach, die keine Ahnung hatte, worauf Björn hinaus wollte.

„Äh... hallo... natürlich auch...", stammelte Björn dämlich vor sich hin.

„Hast du mal Feuer?"

„Äh... natürlich...", linkisch fummelte Björn in seinen Hosentaschen herum, wohl wissend, dass er kein Feuerzeug dabei hatte. Witzel kam zur Hilfe. Er schob eine Streichholzschachtel mit Werbeaufdruck der Bar über den Tresen. „Hier. Geht auf's Haus."

Die Blutdruckmanschette löste sich und die Chefsekretärin streckte ihre Hand nach dem Schächtelchen aus. Doch Björn war schneller.

„Ach, da hab ich's ja!", versuchte er seine Verlegenheit zu überspielen, zog gleich mehrere Hölzchen aus der Schachtel heraus und bot sie der Lady an. „Ich benehme mich wie der letzte Idiot.", dachte Björn wahrheitsgemäß. „Gleich wird sie mir eine scheuern." Doch die erwartete Ohrfeige blieb aus. Die Schönheit schien sogar etwas amüsiert über den Trottel an der Bar. Sie zog eine Zigarette hervor und schob sie leicht zwischen ihre vollen, roten Lippen. Dann zwinkerte Sie und ausnahmsweise verstand Björn, was sie damit meinte. „Sie suggeriert mir, dass ich ihr Feuer geben soll." interpretierte er richtig.

Die ersten drei Streichhölzer brachen ab. Ein glimmendes Schwefelköpfchen flog durch die Bar und setzte beinahe einen Zeitungsständer in Brand. Das vierte Hölzchen schließlich erreichte entflammt sein Ziel. Die Spitze der Zigarette begann zu glühen, bläulicher Rauch stieg empor... Mission erfüllt.

„Danke.", hauchte die Lady, pustete zum Abschied noch eine dicke Rauchwolke über die Theke und stolzierte zufrieden zurück zu ihrem Tisch.

Versonnen sah Björn auf ihren Po und machte die dünnen Konturen ihrer Unterwäsche aus, die sich durch den Stoff des Rockes abzeichneten.

„Arschloch!", donnerte es Björn entgegen.

Wütend stand der Anzugträger vor ihm.

„Mir das Rauchen verbieten, aber der Tusse da Feuer geben. Du bist echt das letzte!"

Björn schaute benommen auf die Zornesfalten an der Stirn seines Gegenübers.

Er wollte ihm irgendetwas Nettes suggerieren, doch ihm fiel beim besten Willen nichts
Konstruktives ein.

Erst Witzels Vorschlag sämtliche Drinks des Rauchers zu übernehmen trug langfristig zur Deeskalation der Situation bei. Björn verließ leicht verunsichert die Bar.

Ein paar Stunden später hatte Witzel Feierabend. Björn holte ihn von der Bar ab und beide gingen eine Weile wortlos an der Rheinpromenade entlang. Eigentlich mochte Björn den Anblick des Flusses bei Nacht. Es hatte etwas beruhigendes, wenn sich die Lichter der Altstadt im Wasser spiegelten und sanft auf den Wellen auf und ab tänzelten. Nur hin und wieder kurz gestört von einem Frachtschiff, das Kohle nach Rotterdam oder Autoteile nach Straßburg brachte. Früher war Björn oft abends hier her gekommen, hatte sich auf die Kaimauer gesetzt und eine Zigarette geraucht. Aber mittlerweile waren ihm nachts zu viele „Prolls" unterwegs. Bei schönem Wetter, in einer milden Sommernacht, war es hier für Björn kaum noch auszuhalten. Dumpfe Techno-Rhythmen aus den tragbaren CD-Playern der Kids störten seine Postkartenidylle ebenso, wie die besoffenen Touristen, die grölend ihre leeren Alkopop-Flaschen auf das Pflaster der Promenade donnerten.

Heute war verhältnismäßig wenig los. Das lag sicher daran, dass bis vor kurzem noch ein leichter Nieselregen einen nächtlichen Spaziergang für die meisten Nachtschwärmer unattraktiv gemacht hatte. Björn und Witzel fanden eine halbwegs trockene Parkbank. Die ausladenden Blätter eines großen

Kastanienbaumes hatten den Regen abgeschirmt. Die Freunde setzten sich.

„Musst wohl noch ein bisschen üben.", begann Witzel nach einer Weile.

Björn nickte.

„Zum einen muss ich wohl etwas präziser suggerieren, zum anderen sollte ich wohl auch immer dran denken, dass alle Dinge zwei Seiten haben.", versuchte Björn die Geschehnisse in der Bar zu analysieren.

„Da haste wohl recht.", begann Witzel zu philosophieren. „Nichts ist so, wie es scheint, und alles, was nach was scheint, scheint sich in nichts aufzulösen."

Björn hatte zwar keine Ahnung, was sein Kumpel damit meinte, aber für Witzel selbst würden die Wort sicher Sinn machen. So gut kannte Björn seinen Freund nun mal. Witzel philosophierte gern in kryptischen Phrasen vor sich hin. Björn war sich nicht sicher, ob an diesen geistigen Ergüssen nicht vielleicht kiloweise getrocknete Pilze schuld waren, die Witzel in den letzten Jahren geraucht hatte. In jedem Fall hatte der Barkeeper seine ganz spezielle Betrachtungsweise vom Leben und dem Kosmos in dem es sich abspielt. Für ihn war das ganze Universum nichts weiter als eine Ansammlung von Energie. Alles besteht nur aus Atomen. Menschen, Tiere, Bäume, die Luft oder Winterreifen. Alles. Es kommt nur darauf an, wie sie zusammengesetzt sind. „Im Grunde unterscheidet uns nur unsere atomare Struktur von einem Haufen Hundekacke!", pflegte Witzel immer zu sagen. Es käme nur darauf an, mit welcher Energie man sich umgibt. Der Kosmos sei ein komplexes System, in dem sich positive und negative Energie, Plus und

Minus, die Waage hielten. Da war sich Witzel absolut sicher.

„Also ist unser Zustand im Leben lediglich eine Frage der Verteilung von diesen Energien. Wenn ich, Witzel, danach strebe, nur positive Energie in mir zu sammeln, muss es irgendwo eine Entsprechung an negativem Potential geben."

Dem Ansatz konnte Björn zwar folgen, doch Witzels weitergehende Interpretation entsprach leider nur noch seinem pessimistischen Wesen.

„Wäre nur schön, wenn sich diese Häufung negativer Energie auf …sagen wir… Alpha Zentauri rumtreibt, und nicht hinter der nächsten Straßenecke mit einem Baseballschläger auf mich wartet."

Witzel grinste und warf einen Stein über die Kaimauer.

„Au… ey, was soll der Scheiß!", tönte es zurück.

Ein Pärchen, das im Schatten der Uferbefestigung geknutscht hatte, tauchte hinter der Mauer auf.

Wütend funkelte der Mann die beiden Übeltäter an. Seine Freundin hielt ihn zurück und zerrte ihn beiseite.

„Lass gut sein Morten. Das sind Asis… komm, lass uns

gehen…!"

Die beiden verschwanden in der Dunkelheit der
Kastanienallee.

„Es tut uns Leid mit dem Stein! Wir sind keine Asis!", rief Björn
hinterher.

„Hey…", beruhigte ihn Witzel, „die Dinge haben nun mal immer
zwei Seiten. Der Typ wird's überleben."

Einen Augenblick überlegte Björn noch, ob er dem Pärchen
hinterher laufen sollte. Es wurmte ihn, dass man ihn für asozial
hielt. Er wollte nicht mit den Leuten in den selben Topf geworfen
werden, die er nicht leiden konnte. Auch so eine kollektive
Charaktereigenschaft der urbanen Zivilisation, fand Björn.
Niemand verfügt über die Fähigkeit zu differenzieren. Nur weil
man mitten in der Nacht, leicht angetrunken auf einer Parkbank
sitzt und mit Steinen wirft, ist man doch nicht automatisch ein
asoziales Subjekt.

Björn zog einen kleinen Abreißblock und einen
Kugelschreiber hervor und kritzelte etwas auf einen Zettel. Seit
längerem hatte er sich angewöhnt, immer einen Notizblock bei
sich zu tragen. Es gibt ja immer Dinge, die man mal aufschreiben
muss. Falls ihm in der U-Bahn zum Beispiel der Titel einer CD
einfällt, die er schon lange mal kaufen wollte. Oder wenn er
unterwegs eine Einkaufsliste machen musste. Um die
Telefonnummer einer Kneipenbekanntschaft zu notieren oder das

Kennzeichen von jemandem aufzuschreiben, der ihn beim Überholen geschnitten hatte. Die Gründe, immer einen Notizblock bei sich zu tragen waren vielfältig. Und außerdem entsprachen Papier und Stift für Björn einer inneren Protesthaltung gegen all die „Idioten", die mit ihren Palm-Pilots und Organizern angeben wollten. Technikscheiß, den keiner braucht. Denn: Bei einem Schreibblock wird der Akku niemals alle.

„Was schreibst'n da auf?", wollte Witzel wissen.

„Woran ich so alles arbeiten will, wenn ich die Leute netter machen kann. Dass man eben nicht alle in einen Topf wirft, zum Beispiel, sondern auch mal nachfragt, und so."

„Bevor du die Welt verbesserst, musste aber echt noch ein bisschen üben.", stellte Witzel erneut fest.

Björn schaute nachdenklich.

„Wie das mit meinen Gedanken genau funktioniert, hab ich ja selbst noch nicht so ganz rausgekriegt. Ich meine, wenn ich was Gutes bewirken will… wie mit dem Raucher vorhin, dann funktioniert's. Aber bei dem Mädel… vielleicht wollte sie ja wirklich nur Feuer…"

„Vielleicht bist du so eine Art Katalysator", versuchte Witzel Björns neue Fähigkeiten in seine eigene kosmische Philosophie einzubauen, „du sammelst die positiven Energien und verteilst sie dann ganz gezielt auf die anderen Leute."

„Könnte sein.", gab Björn nachdenklich zurück.

„Oder…", startete Witzel seine andere Theorie, „…oder es ist doch alles nur Zufall!"

Björn war zu müde für eine Grundsatzdiskussion über Fügung und Schicksale.

„Ich halte dich auf dem Laufenden.", sagte er und stand auf. Mit einem kurzen Kopfnicken verabschiedeten sich die beiden Freunde. Nachdenklich schlenderte Björn nach Hause.

Seine Wohnung sah noch immer chaotisch aus. Nach seiner „ein-Mann-Orgie" der vergangenen Woche hatte Björn noch nicht die Muße gehabt, das Durcheinander zu beseitigen. Überall lagen zertretene Chipskrümel auf dem Teppich. Der Rest aus der umgekippten Whiskeyflasche hatte einen braunen Rand auf dem beigefarbenen Sofakissen hinterlassen, und ein Stück der SalamiPizza, die er sich bestellt hatte, klebte am DVD-Regal. Das Schlimmste war aber die zerstörte Hifi-Anlage. Der Deckel seines alten Dualplattenspielers war in der Mitte durchgebrochen. Auf dem Boden lag der verbogene Tonarm. Es schien, als hätte der CD-Player noch am wenigsten unter dem Sturz gelitten, doch bei genauerem Hinsehen stellte Björn fest, dass sich die CDSchublade nicht mehr ein- und ausfahren lassen konnte. Björn musste schlucken und hatte Tränen in den Augen. Die Anlage war Schrott. Soviel war mal sicher. Er machte einen verzweifelten Versuch die Reste der zerborstenen Lynard

Skynard LP wieder zu einer kreisrunden Scheibe zusammen zu legen, aber mehr als eine entstellte, schwarze Tangram-Sonne kam dabei nicht heraus.

Björn fehlte die Kraft, um diese Uhrzeit hier noch „Klar Schiff" zu machen. Matt ließ er sich aufs Sofa fallen. Vielleicht würde er sich zur Feier des Tages mal eine Putzfrau leisten. Im Grunde hielt er das für rausgeworfenes Geld. Ein Single, der nicht behindert oder inkontinent war, konnte seiner Meinung nach sehr wohl allein Ordnung halten. Aber das Chaos hier schrie förmlich nach einer Ausnahme. Björn musste grinsen. Ihm fiel ein, dass Witzel ihm vor Jahren mal eine Putzfrau ins Haus geschickt hatte. Zum Nacktputzen. Es war ein junges Mädchen, das mit derartigen Auftritten ihr Völkerkunde-Studium finanzierte. Als Björn damals die Tür öffnete, wusste er noch nicht, was ihn erwartet. Er bat Kerstin, so hieß die Studentin, in die Wohnung und zeigte ihr den Schrank mit dem Wischmopp, den Putzeimer und die gelben Gummihandschuhe. Ihre Frage „stehst du auf so was?" hatte Björn in dem Moment noch nicht wirklich verstanden. Etwas suspekt wurde ihm die ganze Sache, als er seine Jacke nahm und gehen wollte, Kerstin aber darauf bestand, dass er beim „Putzen" zuschauen müsse. Sonst würde das ganze ja keinen Sinn machen. Also drapierte die Putzfrau ihren „Arbeitgeber" auf dem Sofa und legte los. Björn war verwundert, dass Kerstin schon nach zehn Sekunden

Staubwischen so außer Atem war, dass Sie ihre Bluse ausziehen musste. Erst als dann auch der Rock fiel, dämmerte es Björn langsam. Also lehnte er sich zurück und beschloss, die Putzdarbietung und ihre Akteurin zu genießen. Wohlwollend betrachtete Björn Kerstins üppige Brüste, die beim Staubsaugen ausladend hin und her wackelten. Nach einer Weile stellte sich bei Björn jedoch leichter Unmut ein. Er hatte den Verdacht, dass Kerstin hier nicht wirklich sauber macht, sondern lediglich aufreizend rumhampelt und den Dreck hin und her schiebt. Und dafür war sie ja nicht bestellt worden. Die nächste Stunde gestaltete sich für die Studentin dann ganz anderes, als es für sie bei Nacktputzaktionen üblich war. Sie musste schrubben und wienern, bis sie wirklich ins Schwitzen kam. Immerhin erlaubte Björn ihr, beim Badezimmerputzen den BH wieder anzuziehen. Am Ende ihres Auftrags war Björn wirklich zufrieden mit dem Ergebnis. Kerstin hatte eine gewisse Grundsauberkeit in die Bude gebracht, auf der Björn fortan gut aufbauen konnte. Als Dank legte er noch einen Zehner Trinkgeld oben drauf. Kerstin verabschiedete sich genervt, aber höflich und kündigte am selben Nachmittag noch den Job bei der Nacktputzagentur. Später hat Sie übrigens ihr Studium geschmissen und ist heute Abteilungsleiterin in einer Gebäudereinigungs-firma.

Björn schloss kurz die Augen und stellte sich noch einmal die wackelnden Brüste der guten Kerstin vor. Vielleicht sollte er sich morgen noch einmal eine Nacktputzerin gönnen. Bei dem Müll hier würde es sich wenigstens lohnen. Björn seufzte und machte den Fernseher an.

Nachts um zwei gab es nicht viel Interessantes zu sehen. Wiederholungen alter Spielfilme, die schönsten Eisenbahn-strecken Deutschlands und einen kahlköpfigen Mann, der Biber-Bettwäsche verkaufen wollte. Wenigstens liefen auf Sport1 noch ein paar „Sexy Sportclips". Eine dunkelhäutige Tennisspielerin hatte sich mit ihrer Turnhose im Netz verfangen, und ihr blieb nichts weiter übrig als die Hose auszuziehen, um sich zu befreien. Nachdem sich auch noch ihr Slip im Racket verheddert hatte, zappte Björn weiter. Er landete auf einem dieser ominösen Call-In Sender, die rund um die Uhr hirnrissige Gewinnspiele brachten. Ein Mann mit Bürstenfrisur und großgeblümtem Hemd, so ein Typ, der wahrscheinlich im Big-Brother Container geklont wurde, stapelte gerade einen Berg Geldpakete vor sich auf. Hinter ihm war eine Ratewand zu sehen, auf der sich im Quadrat angeordnet zirka zweihundert Buchstaben befanden.

„In diesem Buchstabengewirr haben wir Namen versteckt!", brüllte er so laut und dramatisch, als wolle er eine Gruppe Skifahrer vor einer Lawine warnen. „Rufen Sie an! Jeder richtige Name bringt Ihnen Bares!"

Björn machte unter den Buchstaben auf Anhieb zehn verschiedene Namen aus. Dabei waren so komplizierte

Konstellationen wie „Peter, Anne, Otto" oder „Ulla". Am unteren

Bildrand, für das ungeübte menschliche Auge kaum

wahrnehmbar, stand der Hinweis „49 Cent pro Anruf".

„Was für ein Nepp!", dachte Björn.

„Kommen Sie schon! Rufen Sie an! Jeder der durchkommt

gewinnt!", heizte der Schreihals die Zuschauer weiter an.

„Jaja...", grummelte Björn kopfschüttelnd, „...jeder der

durchkommt. Aber ihr lasst ja nur alle halbe Stunde mal einen

durch. Das sollte man auch mal sagen...!"

In dem Moment machte der Bürstenkopf im Fernsehen einen

Schritt auf die Kamera zu. Björn erschrak. Es machte den

Eindruck, als wolle der Typ durch die Bildröhre springen und

sich bei Björn auf's Sofa pflanzen. Als das Gesicht des

Moderators den Bildschirm schon fast formatfüllend

eingenommen hatte, zwinkerte er den Fernsehzuschauer zu.

„Ich will ihnen mal was sagen...", begann er verschwörerisch,

„...wir lassen hier immer nur ein paar wenige Anrufer durch. Nur

die haben die Chance auf eines dieser läppischen Geldpakete. Die

restlichen Anrufer werden von unserem Computer geblockt. Aber

jeder einzelne zahlt brav seine 49 Cent. Wir machen die fette

Kohle... und ihr guckt in die Röhre. Im wahrsten Sinne des

Wortes."

Björn traute seinen Ohren nicht. Konnte es sein, dass er soeben

dem Gameshowmoderator suggeriert hatte, die Wahrheit über die dämliche Sendung zu sagen? Er rieb seine Augen und versuchte den Fernseher zu fokussieren. Einen Augenblick war das Bild verschwommen. Als Björn wieder klare Sicht hatte, stand der Bürstenkopf neben seiner Ratewand und umkringelte gerade mit einem dicken Filzstift den Namen „Peter". Er brüllte und hampelte weiter, als sei nichts geschehen. Björn zweifelte an seinem Verstand.

„Ich glaub's nicht. Das hat der Typ in dem beschissenen Hemd nicht wirklich gesagt.", dachte Björn ungläubig.

„Doch hab ich. Aber mein Hemd finde ich klasse!", tönte es aus dem Fernseher.

Das war zuviel für Björn. Reflexartig knipste er mit der Fernbedienung den Fernseher aus und atmete ein paar Mal tief durch. Björn schloss die Augen, zählte bis zehn und machte dann die Glotze wieder an. Auf dem selben Gameshow-Kanal stand jetzt eine junge Frau in knappem T-Shirt neben der Buchstabenwand. Sie lächelte gezwungen und erklärte, ihrem Kollegen sei anscheinend gerade etwas schlecht geworden. Er habe einen Schwächeanfall erlitten und die Zuschauer mögen bitte nicht alles so ernst nehmen, was der Moderator da eben von sich gegeben hat. Björn hatte genug gehört. Es stimmte also. Mit seinen suggestiven Gedanken konnte er offenbar sogar Menschen beeinflussen, die irgendwo in einem Fernsehstudio dummes Zeug von sich gaben. Björn wurde schwindelig. Im Ansatz wurden ihm die Ausmaße der Möglichkeiten bewusst, die sich ihm wahrscheinlich in Zukunft eröffnen würden. Wenn er es wollte, müssten Gäste nachmittäglicher Talkshows in Zukunft zugeben, dass sie gar kein Verhältnis mit der besten Freundin ihrer Frau hatten, sondern nur Schauspieler sind, die dümmliche Charaktere spielen. Vielleicht würde er bei Gericht arbeiten können und Falschaussagen vereiteln. Vielleicht würde er in den Bundestag gehen und Politiker dazu bringen den Steuerzahler in Zukunft nicht mehr zu belügen. Vielleicht würde er jetzt besser ins Bett gehen, denn was da in seinem Kopf vorging war nicht nur für diese Tageszeit eindeutig zuviel für Björn.

Das Einschlafen fiel ihm schwer. Zu verwirrend waren die Gedanken. Je mehr er über die Möglichkeiten nachdachte, desto absurder erschien ihm dieser ganze Suggestionskram. Schließlich kam er zu dem Schluss, dass er möglicherweise zwar betrunken in seine Stereoanlage gekippt war. Dass er möglicherweise auch einen heftigen Stromschlag bekommen hatte, aber dass er ganz bestimmt über keinerlei außergewöhnliche Fähigkeiten verfügte. Von der Gabe mit seiner Zunge seine Nasenspitze zu berühren einmal abgesehen. Stattdessen schien ihm die Überlegung er würde sich nicht in seinem Bett in seiner Zwei-ZimmerWohnung, sondern im Krankenhaus im Koma befinden, wesentlich plausibler. Dieser Gedanke gab Björn fast ein beruhigendes

110

Gefühl. Sicher würde er irgendwann aus dem Koma erwachen, eine bildhübsche Krankenschwester an seinem Bett, die ihm mitfühlend die Bettpfanne wechselt. In den Wochen seines Siechtums hatte sie sich in ihren Patienten verliebt. Er würde die Augen aufschlagen, sie würde ihn küssen und beide würden noch am selben Nachmittag in der Krankenhauskapelle heiraten. Und irgendwann würde er ihr von den merkwürdigen Suggestivfähigkeiten erzählen, in die er sich in seinem Koma hinein phantasiert hatte.

Mit einem Lächeln auf dem Gesicht schlief Björn schließlich gegen halb fünf ein. Er träumte, er sei Supermann. Zumindest hatte er einen tuntigen, blauen Body an, mit einem fetten „S" auf der Brust. Eine ältere Frau, deren Katze gerade einen Falschparker verfolgte, klärte das Missverständnis auf. Das „S" stünde nicht für Supermann, sondern für „Suggestiv-Män". Wo immer ein Unrecht auf der Welt geschieht, würde Björn gerufen um die Schuldigen dazu zu bringen, sich selber anzuzeigen. Der Beeper an Suggestiv-Mäns Handgelenk piepste. Irgendwo in der Dritten Welt war gerade ein Diktator dabei, sein Volk zu unterjochen. Dort wurde Mister „S" gebraucht. Er setzte sich auf den Rücken seines besten Freundes, der fetten Möwe Witzel, und startete in ein neues Abenteuer. Doch der Beeper hörte nicht auf Alarm zu geben. Beep… Beep… Beep…

Sein Wecker riss Björn jäh aus dem Schlaf.

******

So ungefähr könnte die Geschichte von Björn aussehen. Sagt Bescheid, wenn es euch gefallen hat, oder ihr wissen wollt, was sonst noch so passiert. Dann schreibe ich daran weiter....

20   Alltags Aberglaube I

Wenn ich den Satz beenden kann

Dann werde ich ein großer Mann

Wenn mir jedoch die Worte fehlen

Dann ... weiß ich auch nicht...

Alltags Aberglaube II

Wenn das dritte Auto rot ist

Weiß ich, dass die Ulla tot ist

Wenn im Abteil drei Schwestern reisen

Dann wird der Zug bestimmt entgleisen

Schreib ich heut' Nacht den Brief an Ruth

Wird morgen sicher alles gut

Und wenn ich noch den Wein hier leer`

Dann gibt es keine Kriege mehr

Lass ich nicht mal den Grappa steh`n

Dann muss ich sicher kotzen geh`n

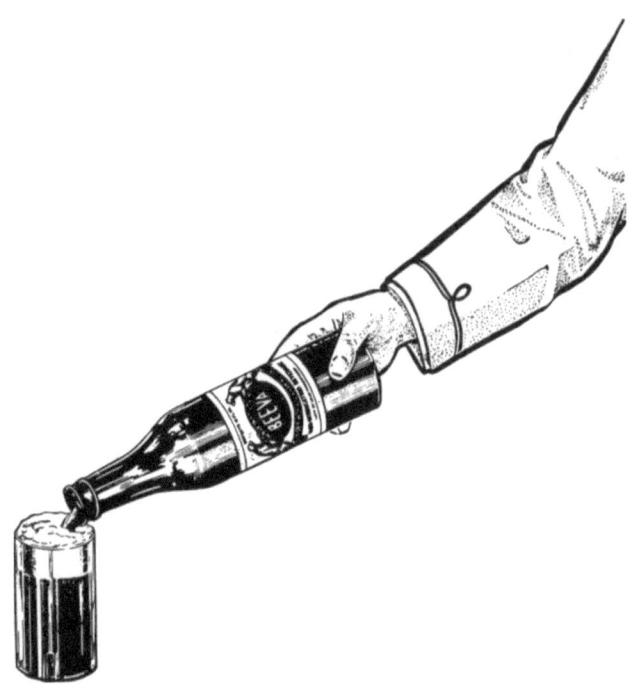

21   Die Reisen des Herrn M. (Teil 3)

Die hübsche, junge Frau mit Bardot-mässigem, langem,
blonden Haar, beugte sich ganz nahe über das Gesicht des Herrn
M.. Fast berührten ihre Lippen die Seinen. Nur Millimeter
fehlten. Funken sprangen bereits über. Erregt und gleichzeitig
wie gelähmt, saß Herr M. auf seinem Sitz in Zugabteil. Es hatte
sich eine Situation ergeben, die er zuvor in keinster Weise hätte
vorausahnen können. Hätte ihm jemand gesagt, dass eine junge
Mitreisende ihn im Zug, kurz vor Karlsruhe, würde verführen

wollen, Herr M. wäre, ganz gegen seine ruhige Art, in schallendes Gelächter ausgebrochen. Immer wieder ließ die schöne Fremde die kleinen Blitze von ihren zu seinen Lippen überspringen. Die Spannung war fast unerträglich. Küss mich endlich, dachte Herr M. flehend. Erlöse mich von der Qual der Begierde. Erlöse mich. Und, als ob sie telepathische seine Gedanken gelesen hätte, presste sie abrupt ihre vollen, roten Lippen auf die Seinen.

Das war eindeutig zuviel für Herrn M. Er beschloss, auf der Stelle aufzuwachen. Dies tat er dann auch, fast zeitgleich mit dem Klingeln des Weckers, welches ihn an das Umsteigen in Karlsruhe erinnern sollte. Etwas geniert sah Herr M. sich im Zugabteil um. Sollte jemand seinen erotischen Traum bemerkt haben? Hatte er womöglich im Schlaf eindeutige Geräusche von sich gegeben? Keiner der Reisenden sah in seine Richtung. Weder offen, noch verstohlen. Anscheinend war seine kleine Eskapade in seiner Traumwelt geblieben und hatte ihm, von Außenstehenden unbemerkt, die Bahnfahrt auf angenehme Weise verkürzt. Während Herr M. sein Gepäck aus dem Ablagefach über ihm zerrte entschied er, die junge Blondine spätestens in Paris wieder zu treffen.

Herr M. hatte nämlich die Fähigkeit, schon vor dem Einschlafen ein Drehbuch für seine Träume zu entwickeln, welches er dann, als sein eigener Traumregisseur in seiner REM-

Phase zum eigenen Vergnügen inszenierte. Das klappte zwar nicht immer, aber nach all den Jahren, in denen er sein Leben fast ausschließlich mit Pflanzen teilte, hatte Herr M. mittlerweile eine ganz beachtliche Fertigkeit im Gestalten seiner Träume entwickelt.

Der Zug fuhr pünktlich im Karlsruher Hauptbahnhof ein. Die neunundzwanzig Minuten Zeit zum Umsteigen waren reichlich bemessen, zumal der Anschlusszug nach Paris bereits am selben Bahnsteig gegenüber wartete. Ohne größere Schwierigkeiten fand Herr M. seinen reservierten Platz. Doch sehr zu seinem Ärger war dieser besetzt. Ein junger, ungepflegter Mann, vielleicht Anfang zwanzig, sicher aber nicht älter als siebenundzwanzig, hatte es sich auf dem, von Herrn M. für drei Stunden und drei Minuten gemieteten Platz gemütlich gemacht. Herr M. spürte den Ärger in sich hoch kriechen. Zunächst noch höflich, fragte er nach dem Reservierungs-Billet des Störenfriedes.

Im Besten Falle würde es sich um ein Missverständnis handeln. Der Eindringling würde sich entschuldigen und ohne Diskussionen den Platz räumen. Doch, dass von allen möglichen Fällen der Beste eintritt, war allein empirisch gesehen schon mehr als unwahrscheinlich. Und genau so war es. Der nichtsnutzige Mann hatte nicht einmal eine Reservierung. Weder für diesen, noch für irgendeinen anderen Platz im Zug. Und auf die gequält freundliche Bitte des Herrn M., sich einen anderen

Sitz zu suchen entgegnete der Unverschämte, Herr M. könne sich doch selbst einen anderen

Platz suchen, es seien ja noch genügend frei. Es brodelte in Herrn M.. Nein, er würde sich nicht von einem wildfremden Freak mit schlechter Kinderstube sein mit vier Euro bezahltes Sitzrecht nehmen lassen. Während der Mann sich von Herrn M. abwandte, um durch die Zugscheibe das Treiben auf dem Bahnsteig zu verfolgen, holte Herr M. sein scharfes Gemüsemesser aus seiner Jackentasche. Es hatte nur eine relativ kurze Klinge, aber durch Tomaten, Zucchini oder Aubergine ging es wie durch Butter. Ohne ein weiteres Wort hob Herr M. das Messer und schnitt dem Fremden einmal quer in den Unterarm, welcher eben noch unschuldig auf der Mittellehne ruhte. Ein roter Faden dünnflüssigen Blutes zog sich hinter der Klinge des Gemüsemessers her. Fluchend sprang der Mann auf. Herr M. blieb ruhig, wenn auch sein ganzer Körper angespannt war. Er schaute den unerzogenen Lümmel eindringlich an. Eine kaum wahrnehmbare Geste mit dem Kopf signalisierte, dass sich der Kerl unverzüglich zu verpissen hatte, wolle er nicht noch weiter Bekanntschaft mit dem Messer machen. Der Mann verstand. Wie eine unangenehme Erscheinung, die eben noch da, und sogleich wieder in Luft aufgelöst war, entschwand er in Richtung Speisewagen.

Innerlich zitternd, aber zufrieden nahm Herr M. seinen Platz ein. Der Zug nach Paris verließ pünktlich den Karlsruher Bahnhof. Herr M. notierte den Vorfall in seinem Notizbuch. Lapidar. Arschloch angeritzt. Mehr nicht. Dann rutschte er in seinem eroberten Sitz hin und her, bis er eine bequeme Position gefunden hatte. Die Fahrtzeit wollte Herr M. mit der Lektüre einer mitgebrachten Fachzeitschrift über Balkonpflanzen verbringen.

Wen's interessiert. Ich denke, wir lassen Herrn M. lesen, und treffen ihn dann in Paris wieder...

22 Frankfurt

23 Moderne Kommunikation

Ich würd' Dir gern 'ne e-mail schicken

Du sollst einmal zum Hi-mmel blicken

Das möcht' ich in die e-mail schreiben

Damit wir in Verbindung bleiben

Dann könn'n wir zwei die Sterne seh'n

Die sind nicht nur in Herne scheen

Auch mag ich deine Lippen

Das würd' ich in die e-mail tippen

Und noch paar and're nette Dinge

Die ich auf Netzwelts Reise bringe

'n Gruß an deine Mu-tter

Tippt' ich in den Compju-ter

Doch leider wird mein Text gekürzt

Der Rechner ist mir abgestürzt

Ich lass das mit der e-mail sein

Und pflanz' für Dich 'ne Pri-mel ein

24 Im Park

Heut' war ich mit meinem Kind
In dem Park am Stadtrand
Auch and're Kinder waren dort
Weil da wohl etwas stattfand

Clowns und Akrobaten sprangen
Wild auf einer Wiese
Doch der größte Hit von allem
War ein kleiner Riese
Und ein Zwerg, vier Meter hoch
Der mit seiner Nase
Möhren balancieren konnt'
Wie ein kleiner Hase

Super toll war sicher auch
Der grüne Orang Utan
Als er mit dem Moped fuhr
Was er wohl ziemlich gut kann
Leider hab ich nichts davon
Irgendwo gelesen
Aber meine Tochter schwört
So sei es gewesen

25 Der Mann der einen Roman schreiben wollte

In all den Jahren seines Lebens, in denen er, meist eher skeptisch als wohlwollend, das Treiben der Menschen auf dieser Erde, sowie sein eigenes, beobachtet hatte, kam er zu dem Schluss, dass er selbst über keinerlei bemerkenswerte Fähigkeiten verfügte. Er konnte weder besonders gut rechnen, noch malen. Er war wenig musikalisch, spielte kein Instrument und konnte den Takt eines Musikstücks nur halbwegs rhythmisch mitklopfen, wenn er ein paar Gläser Rotwein getrunken hatte.

Er aß zwar gern und auch gerne gut, doch seine eigenen Kochkünste beschränkten sich auf das Schmieren eines Käsebrötchens. Obwohl es ihm angenehm war lange zu schlafen, konnte er sich auch in dieser Disziplin keine gute Note geben, da er immer mehrfach des Nachts aufwachte und somit dem Erholungsfaktor seines Schlafes keine übermäßige Qualität bescheinigen konnte.

Wenn gleich er im Umgang mit anderen Menschen eher als mürrisch und einsilbig zu bezeichnen war, hatte er im Laufe der Jahre doch immer mal wieder die eine oder andere Frau für sich gewinnen können. Viele waren es nicht, und langlebig waren seine Beziehungen ebenso wenig. Eine bemerkenswerte

Fähigkeit als Partner konnte er sich entsprechend auch nicht bescheinigen.

Ebenso, wie seine Bett-Akrobatik nie einen Preis holen würde. Er war weder ein amüsanter Erzähler, noch ein guter Zuhörer. Die einzige Fähigkeit, die er im Laufe der Jahre entwickelt hatte, war es, sich auf Kosten anderer durchzuschlagen. Immer wieder traf er auf Leute, die ihn ein Stück des eigenen Lebensweges mitnahmen, ihn am eigenen Erfolg profitieren ließen, und erst merkten, dass von ihm nichts zurück kam, als er schon längst wieder woanders war.

Eine Zeitlang ging das ganz gut. Er kam halbwegs über die Runden und verbrachte seine Freizeit damit, sich entweder über andere Menschen zu ärgern, oder sich zu überlegen, wie er aus ihnen Nutzen ziehen konnte. Aber genaugenommen war er auch darin noch weit von der Meisterschaft entfernt.
Welche Aspekte seines Lebens ihm auch durch den Kopf gingen, sein Fazit war immer das selbe: ich kann eigentlich nichts wirklich gut. Ihm war klar, dass er sich darin nicht von der Mehrheit seiner Spezies unterschied, aber dennoch wollte er sich nicht mehr damit zufrieden geben, zu sehen, wie ein paar

Personen in seinem Umfeld unermüdlich ihr eigenes Leben in die Hand nahmen.

Andere Menschen taten einfach etwas, waren darin mehr oder weniger erfolgreich, aber schienen glücklich. Er selbst hatte sich schon lange von dem Gedanken jemals so etwas wie Glück zu verspüren, verabschiedet. Dennoch ärgerte es ihn, wenn andere glücklich zu sein schienen. Er entwickelte eine eigene Philosophie. Die Welt sei im Grunde ein schlechter Ort und jeder, der darin lebte und behauptete, es ginge ihm gut, könne nur ein Heuchler sein. Dieser Ansatz half ihm ein paar Jahre dabei, seine eigene Position im Universum zu seinem Zentrum zu machen und alle anderen in seiner Überheblichkeit zu deklassieren. Doch irgendwann musste er feststellen, dass sich niemand darum kümmerte, ob er das Treiben seiner Mitmenschen gutheißen würde, oder nicht.

Er war so, wie er war, und das brachte ihn mittelfristig in eine unsichtbare Isolation von seiner Umwelt. Zwar war er da, nahm am Leben teil, traf sich ab und zu mit Kollegen, aber lebte dennoch in seiner Ablehnung allem und jedem gegenüber. Vielleicht war er ganz gut im Heucheln. Aber auch da gab es bestimmt Menschen, die darin besser waren.

Eine Weile saß er dem Trugschluss auf, dass er auf Reisen in ferne Länder seinen selbstkonstruierten Teufelskreis durchbrechen könne. Doch wohin er auch immer fuhr, er hatte sich selbst im Gepäck.

So kam er eines Tages zurück und stellte sich der Gewissheit, dass er über keinerlei besondere Fähigkeiten verfügen würde. Genauso, wie alle anderen Vollidioten, die aber trotzdem in irgend einer Art und Weise Erfolg hatten. Dies war ein neuer Ansatz für ihn.

Er beschloss, einen Roman zu schreiben. Zum ersten Mal in seinem Leben legte er einen gewissen Ehrgeiz an den Tag. Monatelang war er fast fanatisch bei dem Gedanken, seine geistigen Ergüsse könnten gedruckt werden, und alle Welt würde zu ihm aufschauen. Dann würde er sich abheben, jemand sein. Als der Roman fertig war, stellte er resigniert fest, dass er wohl auch nicht sonderlich gut schreiben könne. Und dann tat er etwas, was ihn selbst überraschte. Er begann einen weiteren Roman zu schreiben. Und dann alsbald einen Dritten...
Am Ende seines Lebens hatte er siebenundzwanzig unveröffentlichte Romane geschrieben. Die letzten Jahre vor seinem Tod lebte er sehr zurück gezogen in einer kleinen

Wohnung. Alle seiner ehemaligen Bekannten hatten ihm den Rücken zugekehrt. Und ehrlicherweise gestand er sich ein, dass allein sein Verhalten Schuld daran war.

Als er starb, starb er glücklich. Er war zu der Erkenntnis gekommen, dass er sehr wohl einzigartig gelebt hatte. Auf seine Weise. Und er schloss die Augen in der Gewissheit, dass die Nachwelt seine Romane posthum lieben wird. Man würde über ihn sagen, er sei ein großer Schriftsteller gewesen, der von seinen Zeitgenossen verkannt war.

Mit diesen Worten schloss er das letzte Kapitel seines Romans. Irgendwie konnte er seine eigene Geschichte nicht glauben. Nein. Romane schreiben war wohl auch nicht sein Ding. Aber als nächstes würde er die sieben Weltwunder der Antike aus Streichhölzern nachbauen. Das würde der absolute Hammer werden....

26 Die entscheidende Frage

27 Die Reisen des Herrn M. (Teil 4)

Kurz vor Mitternacht erreichte Herr M. in einem Taxi die Rue Saint-Sabin. Hier, in einem der schlichten Mietshäuser, lag die Wohnung eines Freundes. Herr M. hatte zugesagt, während dessen Abwesenheit, auf seine Pflanzen aufzupassen.

Herr M. und der Freund hatten sich auf einer Internetplattform für Pflanzenliebhaber kennen gelernt. Obwohl sich die beiden Herren nie persönlich getroffen hatten, waren sie sich durch den langjährige Austausch von E-Mails und Briefen sehr vertraut. Vor ein paar Tagen war die Mutter des Franzosen, die in der Nähe von Bordeaux wohnte, gestorben.

Er hatte entschieden, seine kleine Wohnung und seine Pflanzen für ein paar Tage zu verlassen, um an ihrer Beerdigung teilzunehmen. Der französische Monsieur hatte außer Herrn M. keine Freunde. So lag es für ihn auf der Hand, seinen Pflanzen-Kumpel zu bitten, sich um das Appartement und dessen Inhalt zu kümmern. Herr M. hatte sich drei Tage Bedenkzeit ausgebeten, bevor er schließlich zusagte.

Drei Tage und drei schlaflose Nächte, in denen er sich ausmalte, wie schrecklich alles sein könnte, wenn er auf Reisen ging. Unfreundliche Bahnbeamte, verspätete Züge, schlecht schmeckender Kaffee und unbekannte Bakterien. Keine angenehme Vorstellung. Am Morgen des dritten Bedenktages hatte er dann aber eine Eingebung, die ihn dazu brachte, der Bitte seines Freundes zu entsprechen. Als er unter seiner engen Dusche stand und das warme Wasser seinen Rücken herab rann, schossen ihm drei Worte durch den Kopf: warum eigentlich nicht. Die Entscheidung stand. Er würde nach Paris fahren.

Herr M. fand den Wohnungsschlüssel am vereinbarten Ort. Er war mit Klebeband an die Innenseite des Briefkastens geklebt. Kurz unterhalb der Klappe. Mit etwas Geschick hatte Herr M. ihn binnen weniger Sekunden heraus gefummelt. Er schloss die Tür auf und trat in das dunkle Appartement. Es roch muffig. Herr M.

tastete nach dem Lichtschalter. Eine traurige vierzig Watt Birne die an einem Kabel von der Decke baumelte, erhellte den Raum. Herr M. stand inmitten eines Meeres von Pflanzen. Sicher noch mehr, als er selbst besaß.

Kaum ein Quadratmeter der zweieinhalb Zimmer Wohnung war nicht mit Blumentöpfen verstellt. Herr M. bahnte sich seinen Weg durch den Dschungel. In der kleinen Küche fand er neben der Spüle einen alten Zwei-PlattenHerd und einen kleinen Kühlschrank mit Mini-Eisfach. An der Seite des Raumes stand eine große Tiefkühltruhe, auf welcher eine Tischdecke lag. Die darum drapierten Stühle ließen den Schluss zu, dass die Truhe gleichzeitig als Tisch verwendet wurde. Herr M. ging zurück zu den Pflanzen und dann ins angrenzende Nebenzimmer. Dort schlummerte ein ausgeklapptes und frisch bezogenes Schrankbett. Darauf lag ein Din A4 Block. Vollgeschrieben mit detaillierten Instruktionen zur Pflanzenpflege. Darüber hinaus fanden sich noch ein paar Hinweise zur Benutzung der Toilettenspülung, sowie Tipps für's Einkaufen von Baguette und Käse. Einhundert Euro Kostgeld für eine Woche hatte der Monsieur seinem Freund ebenfalls hinterlassen. Herr M. begann, die Anweisungen zur Pflanzenbetreuung zu studieren. Neben Hinweisen auf die benötigte Wasser und Düngermenge der grünen Lieblinge, war auch detailliert beschrieben, mit welchen Sätzen jede Einzelne der Pflanzen zu Bett gebracht werden müsse.

„Bonne nuit, mon amour." – „Beau rêve!"

Herr M., des Französischen nur bedingt mächtig, übte sich in der Aussprache. „Bohne Nü it."

„Po reffe!"

Eben noch froh und stolz, die Reise nach Paris halbwegs gut gemeistert zu haben, verfinsterte sich die Laune des Herrn M. mit jedem französischen Wort zusehends. Er merkte wie Unmut in ihm aufstieg und er den fremden Pflanzen, obwohl er sie nicht einmal kannte, Hassgefühle entgegenbrachte.

Missmutig stolzierte er durch das Grünzeug. Er beäugte abfällig einen Riesenkaktus und legte die Stirn in Falten, als er die braunen Spitzen an den Blättern einer kleinen Birkenfeige sah. Er dachte an seine eigenen Pflanzen zuhause. Er selbst hatte niemanden beauftragt, sich während seiner Abwesenheit um diese zu kümmern. Bis er zurück war, würden einige von ihnen bereits eingegangen sein. Der Gedanke löste keinerlei Reaktionen in seinem Kopf aus. Er stellte gleichgültig fest, dass es ihm egal war. Selbst für die Pflanzen, die er kurz vor seiner Abreise das Klo herunter gespült hatte, empfand Herr M. in dieser Sekunde gar nichts. Dann wurde er traurig. Er bekam das merkwürdige Gefühl, er habe sein Leben nie wirklich gelebt. Habe sich nur seinen Pflanzen gewidmet, und sich selbst darüber vergessen. Und nun war er in Paris.

Der Stadt der Liebe. Aber statt sich dem Flair und den Schönheiten der Metropole hinzugeben, würde er die Woche damit zubringen, fremden Pflanzen in einer fremden Sprache Gute-Nacht-Geschichten zu erzählen. Die Vorstellung machte ihn wütend.

Herr M. betrachtete lange und nachdenklich einen Tempelbaum. Dann öffnete er seine Hose, zog seinen Willi durch die schmale Öffnung im herunter gezogenen Reißverschluss und pinkelte einen langen, dunkelgelben Strahl auf das Bäumchen.

Seit seiner Abreise zuhause war er nicht mehr auf der Toilette gewesen. Die Blase übervoll. Nach einer Weile begann Herr M., sich im Kreis zu drehen. Gleichmäßig besprenkelte er alle umliegenden Pflanzen mit seinem warmen, beißenden Strahl. Dieses Schauspiel müssen wir uns nicht länger ansehen, finde ich. Wir kommen später einfach noch mal wieder...

28 Es nervt

Wenn ich auf Toilette gehe

Glaub ich, dass ich Geister sehe

Nicht die Geister aus dem Norden

Die gibt's im Wald, in großen Horden

Ich rede hier von dem Gespenst

Von dem Du glaubst, dass Du es kennst

Der Quälgeist ist's, von dem ich spreche

Ich seh ihn an und denk ich breche

Das hätt' ich ehrlich nicht gedacht

Dass der mal so was mit uns macht

Da willste echt was Nettes machen

Und schwupps pfuscht er Dir in die Sachen

Kauf ich mir mal ein schickes Essen

Das kann ich wirklich gleich vergessen

Genüsslich kann ich mich nicht laben

Denn er will sicher auch was haben

Und möcht' ich abends meine Ruh

Dann knallt er laut die Türen zu

Ich hab's probiert mit arrangieren

Doch leider wollt er nix kapieren

Was ich auch lasse oder tu'
Der Geist der quält, die blöde Kuh
Selbst wenn die Sonne fröhlich lacht
Für ihn hat sie was falsch gemacht

Wenn ich friere, soll ich schwitzen
Auch mal schön im Durchzug sitzen
Will ich lachen, soll ich weinen
Ich sprech' von Pferden, er von Schweinen

Schenk ich ihm tausend gold'ne Gaben
Dann will er immer noch mehr haben
Der Quälgeist lässt uns nie in Frieden
Denn er ist einfach zu durchtrieben

Doch eines Tages bin ich groß
Dann werde ich den Quälgeist los
Dann fahr ich weg, nehm' niemand mit
Und zahle ganz allein den Sprit

Tschüss, ich muss los, und das jetzt prompt
Bevor noch seine Tochter kommt

29 Dünnes Eis

Karikaturen zum Thema Religion …. Auweia !!!!

****

****

****

Du hattest in deinem Profil geschrieben,
dass du dich auch für Religion interessierst.
Also: Stichwort Propheten.

Bin ich absolut dafür. Ich bin 100 %
Pro Feten! Mal so richtig die Sau
rauslassen. Das ist meine Religion.

30 Grand Prix

Für Deutschland startet Guildo Horn

Mit seinem Lied vom Rittersporn

Er lässt sich nicht in das Bockshorn   -   Jagen

Das weiß ich so vom Hörensagen

Nicht dabei ist Wencke Myrrhe

Die macht grad' noch Pediküre

Später will sie Konfitüre   -   Kochen

Das hat Sie mir fest versprochen

Auch Roland Kaiser fährt nicht mit

Der hat zur Zeit auch gar kein' Hit

Man sagt er sei in Suizid   -   Gefahr

Das seh' ich aber nicht so klar

Zuhause bleibt der Boy Ge-orge

Versichert bei der Volksfürsorge

Was ich mir manchmal von ihm borge

Ist sein Rasensprenger

Er ist auch gar kein Schlagersänger

31 Eine geniale Idee

Neulich war ich am Flughafen. Und während ich all die Menschen betrachtete, die ruhig oder hektisch zu den Schaltern der Airlines, durch die Sicherheitskontrollen oder zu ihren Gates eilten, hatte ich eine geniale Idee.

Was, wenn alle Menschen selbst fliegen könnten? Nicht als Piloten in eigenen Maschinen. Nein. Selbst fliegen. Wie Vögel. Jeder könnte, wann immer er wollte, von A nach B gelangen, ohne lange Wartezeiten an Flughäfen, Bahnhöfen und Bushaltestellen.

Dann fiel mein Blick auf meinen schweren Koffer. Es wäre schier unmöglich, diese Gepäckstück zu transportieren, wenn ich selber fliegen würde. Man könnte also maximal mit kleinem Handgepäck reisen. Für einen kurzen Businesstrip vielleicht okay. Für eine lange Urlaubsreise aber undenkbar.

Also verwarf ich den Gedanken wieder und begab mich zum Ausgang C 32.

Nachtrag:

Die Sicherheitskontrollen könnte man sich komplett sparen, wenn kein Passagier Waffen, Sprengstoff oder Ähnliches mitbringen würde. Da muss man erstmal drauf kommen...

32 Dick

Als er eines morgens aufwachte und mühsam versuchte, sich aus seinem Bett zu rollen, wurde ihm plötzlich eindringlich klar: „Ich bin dick!"

Er quälte sich durch den viel zu engen Korridor bis zu seinem Badezimmer und stellte sich auf seine Personenwaage.

Ein vorsichtiger Blick nach unten zeigte ihm... nur seinen fleischigen Bauch. Die Digitalanzeige der Waage war hinter den Bergen wabbeligen Fettes nicht zu erkennen.

Er dachte: „Ich bin dick!"

„Ich bin soo dick, ich sollte in Fahrstühlen nur noch nach unten fahren."

„Ich bin soo dick, mein nächstes Auto wird wohl ein Lieferwagen sein."

„Ich bin soo dick, ich könnte Geld verdienen, in dem ich am Strand Plätze in meinem Schatten vermiete!"

„Ich bin soo dick, wenn ich im Bus für jemanden Platz mache, dann gleich für eine halbe Fußballmannschaft."

„Ich bin soo dick, wenn ich mich zum Sonnenbaden ans Meer lege, kommt sofort Greenpeace um den gestrandeten Wal zu retten."

„Ich bin soo dick, wenn ich ein Planet wäre, würden mindestens 20 Monde um mich kreisen!"

„Ich bin soo dick, wenn man um mich herum wandern will, sollte man sich besser ein Taxi nehmen."

„Ich bin soo dick, ich kaufe meine Klamotten in der Abteilung für Familienzelte."

„Ich bin soo dick, die Bundeswehr ruft mich manchmal an wenn sie eine Panzersperre brauchen."

„Ich bin soo dick, meine Haustür musste durch ein Scheunentor ersetzt werden."

„Ich bin soo dick, wenn ich ins Krankenhaus muss, liege ich gleichzeitig auf Zimmer 10, 11, 12 und 13."

„Ich bin soo dick, Adler bauen ihre Horste in meinem Bauchnabel."

„Ich bin soo dick, drei Bergsteiger sind seit Wochen in meiner Po-Ritze verschollen."

Er musste über sich selbst lachen.

Ja, er war schon ein witziger Kerl. Ein dicker, aber witziger Kerl.

Etwas besser gelaunt ging er in die Küche und aß 46 hart gekochte Eier.

Dann legte er sich noch ein Stündchen schlafen.

33 Belauschte Unterhaltung in Paris in den Zwanziger Jahren

Es sprach der Ernest zu der Zelda
„Wir werden täglich immer älder!"

Es mischt sich ein der F Punkt Scott
„Wir altern doch in einem fott!"

Auch Salvatore kam zum Reden
„Was, wenn wir alle jünger weden?"

Ergänzt der Luis Bunuel
„Das Altern geht schon ziemlich schnell!"

Ein Einwurf macht auch noch Man Ray
„Älter werden tut nicht weh!"
Zum Schluss sagt T.S. Eliot
„Am Ende sind wir alle tot!"

34 Unfair

Beim Angeln find ich meine Ruhe
Weil ich hier einfach nicht viel tue
Ich häng' die Rute in das Wasser
So halbe Höhe, da ist's nasser

Und lasse die Gedanken frei
Dabei vergess' ich alle Sorgen
Und muss mir auch kein Geld mehr borgen
Ich denk nur noch an schöne Sachen
Erzähl mir Witze und muss lachen

Das geht schon mal bis kurz nach drei
Mir geht's gut
Wie ungerecht
Dem Fisch am Haken geht es schlecht

35 Ein Theaterstück

Erster Akt.

Auftritt Marshall

Marshall: Nanu? Ist niemand hier?

Marshall geht ab. Auftritt Veronique.

Véronique: Marshall? Bist du hier ?

Veronique geht ab.

Ende des ersten Akts.

Zweiter Akt.

Auftritt Marshall und Veronique.

Marshall: Da bist du ja.

Veronique: Und du ja auch.

Marshall: Wo er nur bleibt?

Veronique: Verspätet mag er sein.

Marshall: So ist es seine Art.

Marshall und Veronique gehen warten auf und ab.

Veronique: Mich düngt, er kommt nicht mehr.

Marshall: So ist es seine Art.

Veronique: Ich bin des Wartens Leid. So lass uns gehen.

Marshall: So gehen wir also. Wir können später noch mal
schauen, ob er dann eingetroffen.

Veronique: Ist.

Marshall: Wie bitte?

Veronique: Eingetroffen IST.

Marshall: Mir doch egal.

Marshall und Veronique gehen ab.

Endes des zweiten Akts.

Dritter Akt.

Auftritt Marshall.

Marshall: Nanu? Ist niemand hier?

Marshall geht ab.

Auftritt Veronique.

Veronique: Marshall? Bist du hier?

Marshall kommt.

Marshall: Hier bin ich doch.

Veronique: Und er?

Marshall: Er ist nicht da.

Veronique: Vielleicht ist er gegangen.

Marshall: Mich düngt, er war noch gar nicht hier.

Veronique: Ach so.

Marshall: Wo mag er nur gewesen.

Veronique: Sein.

Marshall: Wie bitte?

Veronique: Gewesen SEIN.

Marshall: Es ziemt sich nicht für eine Frau, mich zu verbessern.

Veronique klopft mit der Hand gegen Marshalls Stirn.

Veronique: Hallo? Dingdong! Jemand zuhause?

Marshall: Versteh ich nicht. Was soll das Dingdong?

Veronique: Das sagt man so.

Marshall: Tut man nicht.

Veronique: Tut man wohl.

Marshall: Tut man nicht.

Veronique: Tut man wohl.

Marshall: Nei-hein.

Veronique: Do-hoch.

Marshall: Nei-hein.

Veronique: Do-hoch.

Marshall: Nein!

Veronique: Doch!

Marshall: Nö.

Veronique: Japp.

Marshall: Woll'n wir vögeln?

Veronique: Okay.

Marshall und Veronique gehen ab.

Ende des dritten Akts.

Vorhang.

Ende.

Epilog:

Der, auf den sie gewartet hatten, kam schließlich doch noch. Aber erst nach neun Monaten.

36 Superhelden

Okay... auf den ersten Blick sieht man es mir nicht an... aber das war ja bei Clark Kent genauso... also... ICH bin ein Superheld.

Echt. Kein Witz.

Ich meine jetzt nicht so, wie jemand, der einen Hamster aus der Mikrowelle rettet, bevor (...) Bäng... Spritz... Blut Splatter... oder so. Auch nicht so einer, über den die Kinder im Kindergarten manchmal erzählen:

„Mein Papa ist ein Superheld... der kann sich rasieren, ohne die Zigarette aus dem Mund zu nehmen!"

Und dann sagt das andere Kind: „Mein Papa ist ein noch größerer Superheld... der kann sich die Zehnägel schneiden, ohne die Socken auszuziehen...!"

Nein... so trivial ist das bei mir nicht.

Ich habe tatsächlich Superkräfte.

Ohne Kryptonite. Ohne Spinnenbiss. Spiderman, finde ich, ist sowieso eine Lusche. Spinnennetze aus den Fingern schießen. Pah. Tolle Leistung. Wann braucht man sowas schon? Wenn im Supermarkt die Einkaufstüte reißt... vielleicht.

„Keine Sorge, alte Dame, ich schieße ihnen schnell ein neues Einkaufsnetz..."

Bss Bss zäng zong...

Übrigens brauche ich, als Superheld, auch keine blöden Comic

Geräusche. Das nervt. Wenn sich Wolfmann, Silver Surfer oder

wer weiß ich denn an den Tisch zum Frühstück setzten... dann:die

Tasse... zääännnnggg! .... Kaffee eingiessen .... gulp gulp bssss...

Toast essen.... krrrk krrrkkk.... Und danach ausf's Klo....

pschhschschssch .... tröpfel, tröpfel.... ahhhhhh....

Da wird man doch blöd im Kopf, finde ich.

Nein. Ich bin keiner von diesen unterbelichteten Helden, wie

Hulk, der zwar stark, aber grün und doof ist...

„Aaargghhhh! Ich bin Hulk. Ich bin hier oben im Koppe noch

nicht reif. Das sieht man daran, dass ich noch grün bin." Neee...

Meine Superkräfte liegen da wo anders. Viel subtiler.

Und was ich ihnen jetzt zeige, mache ich normalerweise nicht.

Ich agiere nämlich mehr so im Geheimen. Meinen

SuperheldenAnzug trage ich zwar immer drunter... aber das muss

man ja nicht an die große Glocke hängen. Nicht wie Superman.

Als erwachsener Mann in einem blau-roten Strampler

rumfliegen.

Ich finde das nicht nur albern, das hat schon was perverses.

Und dann trägt er auch noch die Unterhose drüber.... bisschen

verwirrt der Gute, oder? Und völlig unpraktisch ist das Ganze

auch, wenn man z.B. mal auf's Klo muss. Oder lässt Superman es

beim

Fliegen einfach laufen... so strull...strull...

„Mami... es regnet!" - „Nein, nein, keine Sorge... Superman

pinkelt nur...!"

Trotzdem, wie gesagt, habe ich auch so ein Anzug drunter. Für alle Fälle. Ich gebe es zu, es macht mich auch ein bisschen spitz, dieser hautenge Stoff.... aber damit muss man ja nicht unbedingt angeben.

Also... heute Abend... exklusiv... nur einmal... und nur ganz kurz... Nur für Sie. Achtung:

„Tahdahhhhh.... ich bin „Alltags-Män."

Das hellgelbe „A" auf dem hellblauen Stoff sieht geil aus, oder? Alltags-Män.

Jaaaa. Genau. Klingt vielleicht erstmal nicht so spektakulär, aber ich kann Dinge, die andere nicht können. Zum Beispiel meine Steuererklärung machen. Naaa?! Kann nicht jeder. Ich habe weder Batman, noch Supermann, noch die Power Rangers jemals gesehen, wie sie ihre Steuer gemacht haben... Luschen. „Alltags-Män". Und: ich kann auch ziemlich gut Schlittschuh laufen. Das ist auch die einzige Situation, wo ich meinen Dress in der Öffentlichkeit trage.

Kommt leider nicht immer so gut an. Bin mal blöderweise in eine Gruppe Teenies rein geschliddert.

„DU was soll denn das A auf dem Trikot? Steht für Arschloch, oder?!"

Übergens, meine Oma hat immer gesagt: Jesus war der erste Superheld.

Er konnte über's Wasser gehen, ohne auf den Winter zu warten.

Hut ab.

Oder die Sache mit dem „Wasser in Wein verwandeln".

Ich kann das auch... aber nur umgekehrt.

So... ich muss jetzt los.

Alltags-Män hat einen Auftrag. Glühbirne wechseln. Das kriegt Iron Man sich auch nicht hin...

37 Die Reisen des Herrn M. (Teil 5)

Am nächsten Morgen erwachte Herr M. mit einem nie gekannten Gefühl der Glückseligkeit. Er hatte ausnehmend gut geschlafen, in diesen eigentlich viel zu kleinen Klappbett. Sein Schädel schmerzte ein wenig, was sicher an dem Genuss einer halben Flasche Cognac gelegen haben mag, welche er am gestrigen Abend in einem Schränkchen in der Küche seines Freundes gefunden hatte. Herr M. quälte sich aus dem Bett und ging ins Nebenzimmer.

Er betrachtete die Früchte seines nächtlichen Werks nun bei Tageslicht. Sämtliche Pflanzen hatte er, bis vier Uhr morgens, fein säuberlich mit einer Küchenschere zerschnitten. Die Überreste der grünen Freunde lagen nun, wie eine mit Schnee bedeckte Wiese, unter einem Berg strahlend weißer Bettlaken. Die blätterige Hand eines sterbenden Bäumchens lugte unter dem Leichentuch hervor. Herr M. schob das Grünzeug teilnahmslos mit dem Fuß zurück. Ab heute würde er ein neues Leben beginnen.

Eine Stunde später fand Herr M. sich in einem Café am Boulevard de la Bastille wieder. Genau so hatte er sich immer ein französisches Frühstück vorgestellt.

Ein Kaffee Latte, zwei Croissants, verschiedene Sorten Marmelade. Es war ein sonniger Vormittag. Herr M. nutzte die wärmenden Strahlen und die Außenbestuhlung des Cafés.

Ein wenig unsicher fühlte er sich schon. Schließlich hatten die Jahre des selbstgewählten Exils ihm die Leichtigkeit im Umgang mit Anderen genommen. Doch je länger er sich dem Bewusstsein hingab, jetzt und hier in Paris zu sein, und nicht allein in seiner dunklen Altbauwohnung, umso mehr kehrte sein Selbstsicherheit zurück. So beschloss er, einen kleinen Spaziergang am Ufer der Seine zu unternehmen. Vielleicht würde er sich sogar ein paar Bücher an einem der Stände der vielen fliegenden Buchhändler anschauen, selbst auf die Gefahr hin, von dem Verkäufer angesprochen zu werden.

Von Fremden angesprochen zu werden war für ihn schon seit ewigen Zeiten eine höchst unangenehme Situation. Dafür gab es ja kein Drehbuch. Man konnte vorher nie wissen, was die Fremden sagen würden, und man war gezwungen, sich innerhalb weniger Sekunden eine Replik auszudenken. So etwas bereitete ihm in der Regel nur unnötigen Stress. Doch heute, hier in Paris, am ersten Tag seines neuen Lebens, würde er sich allem stellen, vor dem er sich bislang verschlossen hatte.

Vorsichtig nahm er eine frühe Ausgabe von James Joyces Ulysses aus einem Pappkarton eines Bücherstandes am Seineufer. Kaum hatte er das Exemplar in den Händen, geschah das Unweigerliche. Das Gefürchtete und Unangenehme, welches er heute geradezu absichtlich provoziert hatte. Die junge Verkäuferin, eine schlanke, burschikose Französin, mit einem Haarschnitt wie Liza Minelli in Cabaret, wandte sich ihm freundlich zu.

Offenbar wollte sie Herrn M. ihren Preisvorschlag mitteilen. Aber auf französisch. Er verstand nur Gare Central. Verlegen versuchte er zu lächeln und zuckte mit den Schultern.

„Tschenne Komprank pah!", sagte er, was in seiner Sprache soviel wie „ich verstehe nicht" heißen sollte. Und das tat die junge Frau ebenfalls nicht. Noch einmal versuchte sie ihrem Kunden zu vermitteln, um welches Buch es sich da handele und wie viel sie für die Ausgabe gerne verlangen würde. Und noch immer hatte Herr M. keine Ahnung, was diese fremden Worte, die ihr aus dem Mund purzelten, zu bedeuten hatten.

„Nee, lass mal. Ich verstehe dich nicht.", sagte er und wand sich zum Gehen.

Die Dame machte eine übertriebene „na dann eben nicht"Geste und schickte in akzentbehaftetem Englisch ein „stupid tourist" hinterher. Das hatte er verstanden.

Herr M. entfernte sich, ohne sich noch einmal umzudrehen. Er merkte, wie die Wut in ihm aufkeimte. Was bildete sich diese blöde Schlampe eigentlich ein. Nur, weil er die Sprache dieser „ach so Grande Nation" nicht richtig verstand, fühlte er sich von diesem Aas zu einem Menschen zweiter Klasse degradiert.

„Das hat man nun davon", dachte er, „wenn man sich dem Risiko aussetzt, mit anderen kommunizieren zu wollen." Kurz überlegte Herr M. ob dieser Misserfolg bereits das Ende seines neuen Lebens bedeuten sollte. Und wäre er zuhause gewesen, hatte er womöglich tatsächlich resigniert. Doch er war ja in Frankreich. In einer Stadt, die angeblich schon so Viele zu Großem beflügelt hat. Non. Ein kleiner Rückschlag würde ihn nicht aus der Bahn werfen. Diesmal würde er sich behaupten.

Herr M. besorgte sich an in einem Tourist-Office einen französischen Sprachführer und lernte den Satz: „Das war aber nicht nett von ihnen" auf französisch auswendig.

„Ce n'était pas gentil!"

„Zenne tee pah schontiel!"

Sein Plan war es, zu warten, bis die unverschämte Frau vom Bücherstand Feierabend hatte. Dann würde er zu ihr gehen, und ihr nachdrücklich seinen neu gelernten Satz präsentieren.

156

Genau. Fortan wollte sich Herr M. nichts mehr gefallen lassen. Bereits am frühen Nachmittag kehrte Herr M. zum Seineufer zurück. In Sichtweite des Bücherstandes, aber ganz gut versteckt hinter ein paar Büschen, nahm Herr M. seinen Observationsposten auf einer kleinen Mauer ein. Hier wollte er Warten bis die Verkäuferin den Stand am Abend verlassen würde.

Das dauert natürlich noch einige Stunden. Ich würde also sagen, wir kommen wieder, wenn Herr M. lange genug gewartet hat...

38 Am nächsten Morgen

Wenn ich aus meiner Krippe kippe

Und auch noch meine Schrippe stippe

Ein bißchen sabbernd Spucke spucke

Und mich wie eine Glucke ducke

Gar zitternd meine Tasse fasse

Die eigene Grimasse hasse

Nicht einmal über´s Wetter wetter

Und bäuchlings auf die Bretter schmetter

Zum Duschen in die Zelle stelle

Und mir dabei die Elle prelle

Ich über meine Lage klage

Nichts über das Gelage sage

Und auch nicht von der Zeche spreche

Derweil ich wie ein Tscheche breche

Ich ausseh´ wie ein Trümmerhaufen

Dann sag´ ich mir: hör´ auf zu saufen

Ich weiß, das klingt jetzt sehr vermessen

Beim nächsten Bier hab ich´s vergessen

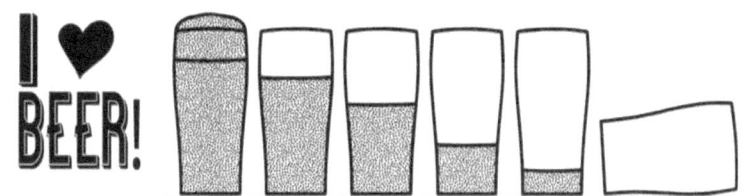

39 Fernsehfilme, Bücher und Dinge, über die man unterschiedlicher Meinung sein kann

Neulich habe ich einen Fernsehfilm gesehen. Ein Freund hatte mir gesagt, der Film wäre nicht besonders gut. Er hatte recht. Es war die Verfilmung eines Buches. Ein Bestsellerroman. Mein Freund sagte mir, das Buch sei gut. Er hatte unrecht. Das gab mir zu denken, hatte ich doch sonst dem Urteil meines Freundes immer vertrauen können.

Ich machte einen langen Spaziergang, um darüber nachzudenken. Unterwegs sah ich eine Bekannte in ihrem blauen Auto vorbeifahren. Ich dachte mir: sie ist hübsch. Doch kannte ich jemanden, der fand sie nicht besonders attraktiv. Was mich nicht gestört hätte. Denn hätte sie angehalten und mich gefragt ob ich mir mit ihr ein Hotelzimmer nähme, hätte ich auf die Meinung meines Bekannten gepfiffen. Aber sie hielt ja nicht an.

Am Abend blätterte ich in einem anderen Roman. Die Bekannte meines Freundes hatte gesagt, das Buch sei schlecht.

Zunächst dachte ich, sie habe recht. Doch dann las ich ein Kapitel, welches mich sehr amüsierte. Bis mir einfiel, dass ich das Meiste davon bereits kannte. Aus zwei anderen, wesentlich älteren Büchern. Enttäuscht legte ich den Roman beiseite. Alles nur geklaut. Ich schaltete den Fernseher an. Bei dem Film den ich sah, erging es mir nicht anders. Ein deutscher Film. Lang und zäh. Die einzig amüsanten Szenen hatte ich bereits früher in einer amerikanischen Komödie gesehen.

Frustriert ging ich zu Bett. Ich hatte das Gefühl, alle Zuschauer, die das Original nicht kennen würden, wären betrogen, ja, hinters Licht geführt. Ebenso bei den Büchern. Ärgerlich schlief ich darüber ein.

Im Traum erschien mir Francis Ford Coppola, in Begleitung von Josephine Baker. Ich sprach Francis auf mein Kümmernis an. Im Grunde teile er zwar meine Meinung, gab aber zu bedenken, dass Geschmack auch oft abhängig vom Intellekt sei. Oder davon, ob man mehr auf Brünette, oder Blondinen steht. Oder, ob man alkoholisiert ist. Oder ob man, nun sagen wir mal, schon lange keine Freundin mehr hatte. Oder beides. Ich wollte nachhaken, da ich der Ansicht war, bei aller Subjektivität müsse es doch für Kunst so was wie einen allgemeingültigen Maßstab geben. Man müsse doch festlegen können, ob ein Buch gut oder schlecht ist.

Ein Film empfehlenswert, oder nicht. Leider ließ er mich mit unbeantworteten Fragen zurück um lieber mit Josephine Baker zu tanzen. Da tauchte kurz Detlev Buck in meinem Traum auf. Er zeigte auf Josephine Baker und sagte, er sei immer der Meinung gewesen, die Nachwelt habe die Dame stark überbewertet. Jetzt aber, wo er sie in meinem Traum traf, könne er für sich feststellen, dass sie doch ganz okay sei. Dann ging er. Er wollte sich noch mit irgendeinem Milchbauern aus Wennigenstedt treffen.

Ich sah mich in meinem Traum um, und beschloss, aufzuwachen. In den folgenden Tagen bewertete ich alle Dinge, die ich sah, nach meinen ganz subjektiven Kriterien. Und ich muss sagen: vieles, was ich im Fernsehen sah, fand ich schlecht. Genauso, wie viele Bücher, die ich las. Doch dann hatte ich einen Einfall. Was, wenn ich alles noch einmal konsumieren würde, mich dabei aber für jemand anderen ausgäbe. Ich setzte mir einen alten Stahlhelm, den ich irgendwann mal unter einem Stapel Versandhauskataloge gefunden hatte, auf den Kopf und schaute eine heitere Komödie auf einem Privatsender.

Das Dargebotene fand ich maximal heiter bis wolkig, mehr aber auch nicht. Ergo: der Helm hatte keinen Effekt auf mein Geschmacksempfinden. Diverse Drogen allerdings schon. Einmal las ich unter Drogeneinfluss ein Buch über einen Trottel. Und fand es riesig lustig. Das war ungefähr zur selben Zeit, als ich mich auch über meinen großen Zeh vor Lachen nur so ausschütten konnte. Wieder clean rief ich beim Fernsehen an und wollte wissen, nach welchen Kriterien dort Filme ausgewählt werden.

Eine freundliche Dame notierte meine Nummer und versicherte mir, der zuständige Redakteur würde zurückrufen. Das ist leider bis heute nicht geschehen. Ich nehme mal an, dass ihn die Frage nach Geschmack und Kompetenz dermaßen verwirrt hat, dass er entweder direkt aus dem Fenster gesprungen, oder zum Radio gewechselt ist.

Am nächsten Tag war ich einkaufen und traf bei Karstadt Jim Morrison. Der sagte, ob etwas gut oder schlecht ist, hängt davon ab, ob der Künstler es mit Herz und Begeisterung, oder aus monetären Gründen, oder aus langer Weile geschaffen hätte. Das leuchtete mir ein. Jim verabschiedete sich, um noch ein paar Schiesser-Unterhosen zu kaufen, und ich ging meiner Wege.

Auf dem Heimweg traf ich einen erfolgreichen Schriftsteller. Der bat mich, seinen Namen hier nicht zu erwähnen… Ich fragte ihn nach seinem neusten Werk.

„Ach," sagte er, „nichts Besonderes. Ich hatte lange Weile!"

Dann fragte ich ihn nach seinen anderen Büchern.

„Ach," sagte er, „irgendwie muss man ja Geld verdienen."

Damit war die Hälfte meiner Frage, zumindest, was die Schaffenden anbetraf, beantwortet.

Jetzt fehlte nur noch die Einschätzung der Konsumenten.

Ich startete eine Umfrage. Ich wollte 1000 Hausfrauen im Alter von 18 bis 27 persönlich befragen. Bei genauerem Überlegen musste ich mir allerdings eingestehen, dass diese Gruppe nicht repräsentativ gewesen wäre. Schade.

So befragte ich also alle Bundesbürger, mit Ausnahme derer, die nicht lesen, oder nicht fernsehen konnten.

Das Ergebnis war ernüchternd.

Aber es bestätigte sowohl meinen Freund, als auch meinen
Bekannten und dessen Kumpel, als auch Francis Ford Coppola,
Detlev Buck und den Schriftsteller, der nicht erwähnt werden
möchte. Und das ist gut so. Oder schlecht. In jedem Fall
subjektiv.

Auf dem Heimweg von meiner Umfrage sah ich auf dem
Spielplatz einen kleinen Jungen, vielleicht vier. Er hatte ein Loch
in einen Sandkasten gegraben und hinein gepinkelt. Dann kniete
er sich hin und spielte in dem Pinkelmatsch. Ich fragte ihn, ob es
ihm Spaß mache. Er sagte: das ist toll. Und ich entgegnete: „Das
ist nicht toll. Aber: du findest es toll. Dann geht das für dich in
Ordnung."

Der Junge verstand nicht ganz, was ich ihm damit sagen wollte.
Doch er zeigte auf einen Hundehaufen in unmittelbarer Nähe
einer Kinderschaukel. „Das ist Scheiße!" sagte er.

Und ich gab ihm recht.

Wieder zuhause schaltete ich den Fernseher an, und gleich wieder
aus. Gut zu wissen, dass das geht. Dann bestellte ich mir bei
„amazon.de" ein Buch, welches sehr weit oben auf der
Bestsellerliste stand. Es kam ein paar Tage später mit der Post.
Ungelesen warf ich es aus dem Fenster und rief laut auf die
Straße: „Ich finde, das Buch ist Mist!"

Das Buch fiel einer vorbeigehenden Mutter, die einen

Kinderwagen schob, auf den Kopf. Ärgerlich drohend reckte sie die Faust zu dem Fenster aus dem ich schaute.

Ich lud sie auf einen Kaffee ein. Ihr Kind hieß Mark. Wir beide fanden, das sei ein Scheiß-Name. Aber mein Kaffee schmeckte ihr. Wir unterhielten uns über Bücher, Fernsehfilme und Josephine Baker. Kurz darauf heirateten wir. Unsere Kinder hießen Heinz, Isle und Bratwurst. Wir kauften uns einen Gymnastikball und eröffneten in Hagen eine Geschäft mit Konfektionswaren für Kleinwüchsige. Die ersten 100 Kunden unter einszwanzig bekamen gratis ein Tattoo mit dem Schriftzug: „Kleiner als Oscar... aber oho!"

So. Und das ist jetzt wirklich Schwachsinn. Schlecht. Schlecht. Schlecht. Bitte nicht weiterlesen. Es sei denn, jemand trägt einen alten Stahlhelm....

40 Ja, ja, die Liebe

Die Liebe ist wie'n Bretterzaun
Man kann nur ganz schwer rüber schau'n

Die Liebe ist wie'n Grottenlurch
Man kommt nicht einfach drunter durch

Die Liebe ist Kartoffelbrei
Nur selten kommt man dran vorbei

Die Liebe ist ein Kleiderschrank
Nur ganz schwer kommt man hinter lang

Mit Liebe ist es wie mit Iren
Sie ist nicht wirklich zu kapieren

Die Liebe ist wie Fensterscheiben
Fast unmöglich zu beschreiben

Es kommt drauf an mit was man's tut
Mit Bleistift geht das echt nicht gut

Die Liebe ist wie'n Wald voll Fichten

Unmöglich ihr was anzudichten

Zumindest nichts, was ihr gerecht wird

Aber das ist ein anderes Thema

41 Alles hat seinen Sinn

Wie schön, dass es die Raucher gibt

Sonst könnt' man sich vor Zigaretten

Auf uns'rer Welt wohl kaum noch retten

Wie schön, dass es die Taucher gibt

Es wär' doch schad' die Wassermassen

Ganz ungenutzt zu lassen

Doch besser noch als Raucher

Und Taucher

Sind die Verbraucher

Wenn die beim Tauchen rauchen

Dann könn'n Sie beides

Gut gebrauchen

42 Krank

Er fühlte sich krank. Matt. Fiebrig. Ein stechender Kopfschmerz hämmerte unablässig gegen seine rechte, obere Schädelseite. Der Hals kratzte. Jedes auch noch so zaghafte Husten verursachte einen brennenden Schauer in seiner Kehle. Er wusste nicht, wie lange er nun schon so auf seinem Bett gelegen hatte. An die fleckige Decke des Hotelzimmers starrend, mit schweren Gliedern und Flimmern vor den Augen. Gegen Mittag hatte er sich auf sein Zimmer geschleppt, und mittlerweile war es schon dunkel draußen. Gute acht Stunden mochte er wohl in dieser Stellung verharrt haben, überlegte er.

Paralysiert, unfähig, auch nur ein Bein über die Bettkante heruntergleiten zu lassen, um es auf dem Fußboden abzustellen. Er war sich nicht mal sicher, ob so was wie ein Fußboden überhaupt existierte. Wände und Decke gingen grau in grau nahtlos ineinander über. Und höchstwahrscheinlich hatte sich auch das Parkett zu diesem undefinierbaren Einerlei aus Schemen hinzugesellt.

Doch allmählich wurde es Zeit, aufzustehen. Ein übermächtiger Harndrang gab ihm unaufhörlich den Befehl, sich zu erheben und die scheinbar nicht enden wollende Distanz zur Toilette zurück zu legen. Wie weit mochte das wohl sein? Mindestens drei Meter, soviel war sicher. Drei Meter gehen, in seinem Zustand kam ihm das vor wie die Iron-Man Challenge.

Die Blase mahnte weiter eindringlich. Was für Alternativen blieben? Ausschwitzen? Er hatte einmal gehört, dass so etwas möglich sei, hielt es aber für ein Gerücht. Mochte sein, dass man in tropischen Ländern weniger auf's Klo müsste, da man dort mehr als normal transpirierte. Aber der Schweiß suchte sich ja seinen Weg durch die Poren, bevor sich die Flüssigkeit in der Blase sammelte. Und war sie erst mal drin, wie sollte sie dann zurück und in den Schweißkreislauf. Nein. Seiner Meinung nach undenkbar. Was blieb sonst? Die doch eher unhygienische Alternative des „ins Bett machens". Einfach laufen lassen. Er würde seinen Harndrang los werden und müsste dafür nicht einmal seine Position verändern.

Entspannen und warten, was passieren würde. Der Gedanke kam ihm sogar etwas reizvoll vor. Eine bevorstehende Erleichterung, in Verbindung mit einem warmen, wohligen Gefühl. Das wäre die Lösung. Und dann? Vielleicht würde er in dieser Nacht noch sterben. Er hatte ja nicht einmal den Ansatz einer Idee, von welcher Krankheit er befallen war. Sicher, es könnte eine harmlose Erkältung sein. Aber auch eine unbekannte Tropenkrankheit, welche ihn lähmen, ihm seine Sinne rauben, und nach komplettem Organversagen zu seinem unweigerlichen Tod führen könnte. Man würde ihn dann hier finden. Wahrscheinlich schon morgen, wenn das

Zimmermädchen ihre tägliche Runde machen würde. Und dann? Tot und eingepinkelt auf dem Bett. Das Zimmermädchen war hübsch. Er mochte sie. Sie war wahrscheinlich Spanierin, oder Italienerin, das hatte er noch nicht heraus gefunden. Aber sie hatte in jedem Fall diesen exotischen Akzent. Ihre Haare waren stets zu einem strengen Pferdeschwanz zurück gebunden und er hatte sich schon manches mal vorgestellt, wie sie das Haarband öffnen, und ihre langen schwarzen Haare in Zeitlupe für ihn schütteln würde.

Nein, er könnte ihr das nicht antun. Sollte sie schon in die unangenehme Situation kommen, seine Leiche zu finden, dann bitte nicht in einer gelblichen Lache. Er würde ihr nie wieder in die Augen sehen können. Nein. Einfach ins Bett pinkeln war nicht die Lösung. Plötzlich hatte er eine andere Idee. Ein spontaner Einfall, aber genial. Das würde sein Blasenproblem und auch alle anderen auf einen Schlag lösen. Ja. Das würde er tun. Jetzt sofort und ohne zu zögern. Also stand er auf und ging auf Toilette. War im Grunde sowieso eine blöde Idee, sich den ganzen Tag im Hotelzimmer auf's Bett zu legen und so zu tun, als sei man sterbenskrank.

43 Freigeyst stellt sich vor – FvD

Ein vorgeschlagener Beitrag für die ZDF Heute-Show
(besonderer Dank an dieser Stelle an Thomas Nicolai)
Anmerkung: Wenn möglich bitte den Text von Freigeyst
„sächsisch" lesen :-)

Studio

Oliver Welke:
Die Unzufriedenheit der Deutschen Bevölkerung mit der Politik der renommierten Parteien wächst. Der Ruf nach Alternativen wird lauter, sogar Alternativen zur Alternative für Deutschland werden gefordert. Trotz der knapp 12 Prozent für die AfD nach letzten Umfragen, traut sich noch nicht jeder Wähler einen Schritt in Richtung Veränderung zu gehen. Das ist wie mit einem PuffBesuch. Viele würden ja gerne reingehen, haben aber Angst, dass es rauskommt. Also... der Besuch.
Das soll sich ab jetzt ändern. Also, nicht die Sache mit dem Puff... nein – die Sache mit den Parteien. Denn vor wenigen Tagen hat sich in Dresden eine neue Partei formiert, die allen Ansprüchen unzufriedener Wähler gerecht werden will.

Zugeschaltet ist mir jetzt der Vorsitzende der FvD, Freigeyst für Deutschland, Herr Reiner Freigeyst. Ich grüße sie und danke ihnen, dass sie sich so kurzfristig die Zeit für uns genommen haben.

Zugeschaltet auf dem Monitor

Freigeyst:
Das sollten sie auch. Das ist nämlich gar nicht selbstverständlich.

Welke:
Ähm... Wieso?

Freigeyst:
Nu, wenn ich hier nicht als Parteivorsitzender wäre, sondern als Privatperson, also als Reiner Freigeyst, würde ich gar nicht mit ihnen reden.

Welke:
Ach so, sie meinen Lügenpresse und so.

Freigeyst:
Nu.

Welke:

FvD – die Abkürzung für „Freigeyst für Deutschland". Ich meine, ich bin des sächsischen jetzt nicht so mächtig, aber in meiner Welt schreibt man doch das Wort FÜR immer noch mit F und nicht mit V.

Freygeist:

Das stimmt, Herr Welke, in ihrer Welt mag das so sein. Aber da sieht man mal wieder die Korinthenkacker-Struktur der Medien. Da werden doch <u>ganz andere</u> Sachen falsch geschrieben, darüber regt sich wieder Keiner auf.

Welke:

Naja, aber mit dem F und dem V … da hab ich doch recht. Oder?

Freigeyst:

Von der Sache her ja. Aber was soll ich machen, die 5.000 Plakate waren schon fertig. Und soll jetzt der Lehrling von der Druckerei Schultz, was übrigens ein sehr guter Freund ist, gefeuert werden, nur weil er EINMAL einen Buchstaben verwechselt hat. Da reden sie doch, Herr Welke, mal wieder total am Thema vorbei. Denn solch Kleingeist trägt doch am Ende zur Massenarbeitslosigkeit bei. Da kann man es mal wieder sehen.

Welke:

Herr Freigeyst, kommen wir doch jetzt mal zu ihrer Partei. Wieso
haben sie es für notwendig erachtet, eine neue Partei zu gründen?

Freigeyst:

Da regt mich ja die Frage schon auf. Das sagt einem doch der
gesunde Menschenverstand. Mit der deutschen
Parteienlandschaft ist es, wie mit dem Essen beim meinem
Griechen.
Beim Kostas um de Ecke, übrigens ein sehr guter Freund von
mir. Feiner Kerl.
So, man guckt in die Speisekarte .....also, auf die
Parteienlandschaft, - ich sage das nur, damit sie das dann auch
verstehen, Herr Welke, und sie mir dann nicht wieder das Wort
im Munde rum drehen - . Also, da guckt man also auf die
Speisekarte und weiß gar nicht, was man essen, also wählen soll.

Welke:

Also, wenn ich beim Griechen esse, da nehme ich immer
Moussaka.

Freigeyst:

Aber da geht doch das Problem schon los.
Der Eine will Moussaka, mag aber keine Auberginen.

174

Der Andere will Souflaki, aber bei Lammfleisch muss er würgen, oder: Beispiel Gyros: Ist zwar lecker, aber die Zwiebeln. Wenn ich heute noch küssen will, kannste das auch vergessen. Kurz, in jedem ist was schönes drin, aber auch was wo man brechen muss.

So. Und in der FvD ist aus allem nur das Beste. Sozusagen, ein Konglomerat aus den feinsten Zutaten aus der Politik. Für jeden was.

Welke:

Verstehe. Aber was ist nun, wenn man, sagen wir mal, Auberginen mag?

Freygeist:

Tja, Herr Welke, Pech gehabt, das müssen sie zu 'nem andern Griechen. Das ist Demokratie.

Welke:

Gut, gehen wir doch mal auf einzelne Punkte ein. Was sagt denn die FvD zum Asylantenproblem?

Freigeyst:

Problem? Das ist doch kein Problem. Ich sehe schon , sie wollen da wieder was schön reden.

Welke:

Naja, nein, aber....

Freigeyst:

Wenn ich in einem vollbesetzten Fahrstuhl Blähungen habe, <u>das</u> ist ein Problem.

Aber doch nicht die armen Asylanten. Das ist kein Problem, das ist 'ne Katastrophe.

Sicher, man darf nicht alle über einen Schwamm kehren, da gibt's so 'ne und solche, aber die Solchen, da uss man aufpassen.

Welke:

Und wie stellen sie sich das vor?

Freygeist:

Ich gebe ihnen mal ein Beispiel. Bei mir im Gartenverein „Goldene Sonne", da wohnt der Herr Babatunde Mugubugu. Das is'n schwarzer Neger aus Ghana. Ich meine, ein Schwarzer, weil Neger als solches darf man ja nicht mehr sagen. So, dieser Bürger, ich sag's wie's is', der bringt Farbe in unsere kleine Gartenkolonie. Das ist ein Geben und Nehmen. Wir sind nett zu ihm und er macht ab zu seinen Regentanz für uns. Da ham wer alle was davon.

Welke:

Aber das ist doch genau das, was unsere Bundesregierung unter Integration versteht.

Freigeyst:

Das denken <u>sie</u>. Aber das stimmt nicht.

Welke:

Doch , im Grunde schon.

Freigeyst:

Im Grunde, im Grunde. Im Grunde könnten sie, Herr Welke, durchtrainiert sein, superschlank und volles Haar haben. So sieht's doch aus. Das ist doch der Punkt.

Welke:

Herr Freigeyst, was genau ist denn nun der Punkt?

Freygeist:

Oh oh, da hat aber jemand seine Hausaufgaben gemacht. Der Punkt ist, dass sie mich instru-mental-li-si-isieren lassen wollen. Aber nicht mit mir. Sie wollen doch nur mit mir Quote machen. Weil man bei den Öffentlich-Rechtlichen keine Titten zeigen darf. Das ist nämlich die bittere Wahrheit.

Welke:
Herr Freigeyst, ich denke, wir sollten langsam zum Ende....

Freigeyst:
Das ist wieder typisch. Der einfache Mann von der Straße will einmal was sagen, und dann wird ihm der Mund verboten. Wie damals in der DDR. Ich sage nur: ZDF: Zwangspause für Freigeyst.

Welke:
Moment, bei ZDF müsste es aber Zwangspause DEM Freigeyst heissen.

Freigeyst:
Mir doch egal....Erbsenzähler.

Welke:
Danke, Herr Freigeyst.
Sie sagen hier nicht Danke. Ich sag Danke.
Ja... dann danke ich ihnen, Herr Welke. Und viel Spaß beim Griechen.

****

44   Freigeyst und die Burka

Studio

Welke:

Vielleicht erinnern sie sich noch, vor Kurzem hatten wir das Gründungsmitglied der FvD ‚Freigeiyst für Deutschland, Herrn Reiner Freigeyst, hier bei uns zugeschaltet.

Seine neue Partei hat in kurzer Zeit erstaunlicherweise sehr viel Zuspruch bekommen.

Bereits über 50% aller Parzellenbesitzer der Kleingartenkolonie „Goldene Sonne e.V." sind in die FvD eingetreten. Das sind immerhin fast 9 Personen. Davon träumt die FDP schon seit Jahren.

Für uns wird es also wieder Zeit ein paar aktuell-politische Fragen mit Reiner Freigeyst zu erörtern.

Herr, Freigeyst, ich grüße sie!

Freygeist:

Das ist wieder typisch für sie, Herr Welke. Ich durchschaue ihre Taktik.

Erst bei mir einschleimen und dann mir einen drüber braten. Aber da mache ich nicht mit. Mit mir nicht. (…) <u>Ich</u> grüße sie auch.

Welke:

Schön, dann hätten wir das ja geklärt.

Herr Feigeyst, die PEGIDA hat immer noch starken Zulauf. Im Kern geht es ja um die Angst vor einer Islamisierung des Abendlandes, wie er Name schon sagt.

Haben sie auch Angst davor, dass alle hier in Deutschland bald verschleiert, also mit Burka rumlaufen müssen?

Freigeyst:

Angst? Pah! Angst nicht. Im Gegenteil! Ich finde es sogar schon fast begrüßenswert, zumindest bei einigen Frauen die ich so kenne.

Und jetzt, wo ich sie mir mal genauer ansehe, also, Herr Welke, bei Männern wäre es auch nicht, also ...ab und zu, äh... unangebracht.

Man kann das mit der Burka ja auch mal disziplinarisch einsetzen.

Sie verstehen, was ich meine?

Welke:

Nee, nicht so richtig.

180

Freygeist:

Also, ihnen muss man auch alles erklären.
Beispiel: meine Nichte, die Jennifer, übrigens ein sehr liebes
Mädchen, die ist an der Karl Eduard von Schnitzler Realschule in
Meissen. Da sind Zu-stän-de, das sag ich ihnen. Da wird
geklaut, ...überall gibt's wilde Schlägereien, … da wird in de
Ecken gespuckt, ständig krank gemacht, ...ein Tohuwabohu. Und
die Schüler sind ooch nicht besser. Aber immer: die neusten
Markenklamotten. Die müssen sein: Adidas, Nike, Primark und
Clamotten-August, also Cunda.
Da braucht man mal 'ne Disziplinarmaßnahme, also, dass diese
pubertierenden Akne-Halodris 'n Dämpfer bekommen. Ich sag
mal so: einmal Handy klauen = 3 Wochen Burka.
Da könnte man, je nach Art des Vergehens, 'n ganzen
Strafkatalog aufsetzen.

Welke:

Und sie glauben tatsächlich, dass man Kleinkriminelle so in den
Griff kriegt?

Freigeyst:

Na aber hallo. Stellen se sich das mal vor:
Sonst warste immer der „King im Ring", die „grosse Plockwurst

auf der kleinen Pizza", und dann siehste plötzlich so aus, wie die Suleika aus der Parallele-Klasse.

Und es erkennt dich keiner von deiner Gäng.

Und wenn de Pech hast, packt dir der Ali aus der 3a auch noch an den Hintern.

Das ist Demütigung vom Feinsten.

Also, so gesehen, ham die Propheten sich schon was dabei gedacht. Damals, als sie die Burka ... äh... erfunden haben.

Welke:

Tut mir leid, Herr Freigeiyst, aber da liegen sie falsch. Burka ist keine Strafe, sondern ist ein Ausdruck des islamischen Geschlechterverständnisses.

Freigeyst:

Ja. …. Das stimmt aber nicht.

Welke:

Doch. Das habe ich mir ja nicht ausgedacht. Das ist tatsächlich wahr.

Freigeyst:

Stimmt trotzdem nicht.

Vielleicht im Kern. Aber die Tradition ist ja nicht mehr

zeitgemäß.

Wir von der FvD haben uns ja zum Ziel gesetzt, als Partei, dem Bürger das zu geben, was für ihn am besten ist: so ein Potpourri aus Politik, Kultur, Sport und eben auch aus der Religion.
Und deshalb können wir die Burka auch für unsere Zwecke instrumental-ti-li-sieren.

Welke:

Entschuldigen sie bitte, aber das ist Mumpitz, was sie da sagen.

Freigeyst:

Ja, weil sie unbeweglich sind, im Kopf. Starr. Apparatschik. Das ist dieses Scheuklappen denken.
Nur nichts neu machen. Immer der alte Scheiß. Immer der selbe alte Quark.
Wenn alle so denken würden wie sie, Herr Welke, dann würden wir die Milch immer noch aus Flaschen trinke, und es gäbe keine Tetrapacks. So!

Welke:

Milch, Flaschen und Tetrapack!? Das hat mit meiner Frage überhaupt nichts zu tun.

Freigeyst:

Aber sehr wohl.

Welke:

Nein. Hat es nicht.

Freygeist:

Natürlich. Nu!

Welke:

Blödsinn.

Freigeyst:

Ich sage nur Helene Fischer.

Welke:

Und was hat denn <u>die</u> jetzt bitteschön damit zu tun.

Freigeyst:

Das weiß ich auch nicht, aber ich wollt es nur mal sagen.

Welke:

Herr Freigeyst, ich danke ihnen für dieses Gespräch.

Freigeyst:

Aha! Ich sehe, wie es gerade in ihrem Kopf arbeitet, Herr Welke.

Sie denke über das Gesagte nach. Das ist gut.

Und deswegen nehme ich den Dank … äh... dankend an. Gud'n

Ahmt.

45 Lüge

Die Lüge ist wie eine Maus
Irgendwann, da kommt sie raus
Die Wahrheit ist wie eine Katze
Sie kriegt nur selten eine Glatze

Also, ich hab' zumindest noch nie eine
Katze mit Glatze gesehen.
Und: ich bin viel rum gekommen.
Deshalb gehe ich mal davon aus,
dass diese extreme Form des

Haarausfalls bei den kleinen Schnurrern eher selten vorkommt
Wo war ich?

Ich glaube, ich was fertig

46 Streitgespräch

Gott ist tot

Ist er nicht

Gott ist tot

Ist er nicht

Gott ist nicht

Ist er tot?

Tot ist nicht

Gott ist er

Tot Gott nicht

Ist er ist

Er ist

Tot ist

Gott nicht

Ist nicht

Ist tot Er Gott

Ach so.

Das wusste ich ja nicht.

Sorry

47 In freudiger Erwartung

Geburtsvorbereitung:

Das bedeutendste Ereignis im Leben eines Menschen, abgesehen vielleicht von einem Abend im Big-Kitty TableDance-Club in Fort Lauderdale, ist zweifelsfrei die Geburt. In erster Linie natürlich die eigene, denn in diesem Moment geht der ganze Scheiß ja unwiderruflich los. Interessant ist aber auch die Geburt der eigenen Kinder. Mitzuerleben, wie das Wunder des Lebens zustande kommt, und zu sehen, wie eine Saugglocke oder eine Dammschnittschere angewandt werden. Das erlebt man nicht alle Tage.

Und obwohl eine Geburt im Grunde das Natürlichste der Welt ist, kann dabei unendlich viel schief gehen. Dies machen sich leider die Wenigsten bewusst. Risiken gibt's immer, nicht nur, wenn die Niederkunft im Zug auf halber Strecke von Kalkutta nach Bombay bevorsteht. Doch diese Risiken können minimiert werden. Gute Vorbereitung ist das A und O. Die **Vorbereitung** auf die **Geburt**. Findige Betreiber von Krankenhäusern und Sozialstationen haben sich diese beiden Substantive zu Eigen gemacht und daraus ein autonomes Wort kreiert. Geburtsvorbereitung!

Wahrscheinlich hat einer zuvor noch ein paar Dollar in Euro

gewechselt, und um diesem Umstand gerecht zu werden hat man an das Wort „Geburtsvorbereitung" noch das Wort „Kurs" angehängt. Geburtsvorbereitungskurs.

Wie dem auch sei. Sowohl werdende Mütter als auch Väter können sich dort auf Disziplinen wie: „flache, tiefes und steiles Atmen, die Frau liebevoll unterstützen, den Mann stinksauer anbrüllen oder auf's Babywaschen" vorbereiten lassen. „Mann" kann runden Frauen zusehen, wie sie sich schwerfällig über Gymnastikmatten wälzen, oder der eigenen, wie auch fremden Frauen auf die Brüste schauen, wenn die ideale Position für's Stillen besprochen wird. Viele Männer haben ja eine angeborene Abneigung ihre Frauen zu solchen Kursen zu begleiten, aber in letzter Zeit sollen einige Typen ja sogar im Sitzen pinkeln…. und: hey, es ist okay. Also sollte Mann seiner schwangeren Frau diesen Gefallen tun und zu einem dieser Kurse mitgehen.

Und wenn man folgende Tipps beherzigt, kann so ein Geburtsvorbereitungskurs sogar eine Menge Spaß machen. Zumindest soviel Spaß, wie sich selbstgemachte Erdbeermarmelade vom großen Zeh zu lutschen, während man dabei ein altes Madonna-Video im schnellen Rücklauf schaut. Es lohnt sich!

1. Tipp: zeigen Sie stets Interesse. Dies bekundet man am besten durch gezieltes Nachfragen. Gähnen und Einschlafen während

des Kurses lassen sich nur schwer als „Aufmerksamkeit" interpretieren. Selbst wenn Sie keine Ahnung haben, wovon die Kursleiterin gerade gesprochen hat, sollten sie mitunter eines der Worte aus den Ausführungen der Vorturnerin aufgreifen und zu einer Frage umformulieren.

Beispiel: Die Kursleiterin erklärt, dass ein Vollbad mit Kamillenextrakt entspannend wirkt. Gehen Sie darauf ein und haken nach:

„Entspannend also. Sehr interessant. Apropos „spannend". Ich habe neulich „Dexter" auf DVD gesehen. Das ist mal spannend! Kennen Sie die Serie?"

Im besten Fall kennt die Kursleiterin die von ihnen angesprochene Serie, findet diese ebenfalls spannend und geht darauf ein. Schon entsteht ein Vertrauensverhältnis zwischen ihnen und der Leiterin, welches sich später bezahlt machen kann.

Zum Beispiel, wenn ihre Frau Sie während des Kurses anmault, sie sollen nicht ständig den anderen Teilnehmerinnen an die Brüste greifen wollen. Haben Sie ein Vertrauensverhältnis zur Kursleiterin aufgebaut, wird diese Sie in Schutz nehmen: „Lassen Sie ihren Mann in Ruhe. Der prüft nur die Milchkapazität. Und, was der da lernt, kann ihnen später wenn sie selbst das Baby haben nur zu Gute kommen!"

Also: Interesse zeigen. Wichtig.

2.Tipp: Mitmachen! „Interesse zeigen ist gut, mitmachen ist besser." Das gilt für den ersten Sex genauso, wie für die Teilnahme bei Geburtsvorbereitungskursen. Wenn alle in die „Vierfüßlerstellung" gehen, tun Sie es auch. Bleiben Sie nicht auf der Matte liegen und schauen nur zu. Nein! Machen Sie ihre Zigarette aus, und begeben sich ebenfalls in die „schwangereMöhre-Krabbelposition".

Besonders lohnt sich das Mitmacher beim „Hecheln". Das macht Spaß, reduziert die Sauerstoffzufuhr im Gehirn und ersetzt kurzzeitig Klebstoff oder leichtes Marihuana.

Punkten kann man zusätzlich, wenn man sich auf die bevorstehenden Hechelübungen gut vorbereitet. Dazu begibt man sich am besten in den nächstgelegenen Park. Beobachten Sie die Hundebesitzer und ihre Vierbeinigen Freunde beim „Stöckchenholen". Sie werden überrascht sein, wie eine ausgepowerte Bulldogge neue Rekorde im Hecheln aufstellt. Lernen Sie durch Imitation, machen Sie's dem Hundchen einfach nach. Am Besten suchen Sie sich aber als Trainer einen Hund, der von der Physiognomie ihrer eigenen Frau am ehesten entspricht. Ist ihre Gefährtin eher so eine Zicke, dann eignet sich der Rehpinscher besonders gut.

Haben Sie eine knuffelige Kuschelfreundin, dann hecheln Sie mit Golden Retriever oder Labrador. Ist die Partnerin anhänglich, aber eher ein schlichter, treudoofer Charakter, sollte man sich den

Dackel als Atemübungsvorbild suchen. Doch Obacht. Ein Bekannter ist bei einer solchen Aktion schon mal gebissen worden. Er weiß bis heute nicht, was den Hundebesitzer dazu getrieben hat. Seit dem „übt" er lieber durch das Imitieren der Atemgeräusche in „Erwachsenen-Filmen".

Er war selbst erstaunt, wie ähnlich die Atemtechniken beim Sex und bei der Geburt sind. Auch bei der Studie der Hechelvorbilder auf einschlägigen DVDs oder im Internet gilt: die Probandinnen sollten ihrer Partnerin entsprechen. Wenn Sie sich da nicht ganz sicher sind, hier eine Empfehlung: „100 Luder treiben's wild". Da ist quasi für jeden was dabei, und eine, die dem Typ ihrer Freundin entspricht, wird sich schon finden.

Also: wenn es im Geburtsvorbereitungskurs zum Thema Atemtechniken kommt, dann Hecheln sie mit, was das Zeug hält. Mitmachen ist besser als zuschauen.

3. Tipp. Genießen Sie das Dargebotene. Ob man an der Teilnahme am Geburtsvorbereitungskurs Spaß hat, oder nicht, hängt einzig und allein von der Einstellung ab, mit der man zu einer solchen Veranstaltung geht. Man sollte nicht verkrampfen und mit einer „da-sind-ja-sowieso-nur-Öko-Tussen-kurz-vorBeginn-der-Wechseljahre-die-unerotisch-in-Jute-Laibchenrumzappeln"- Einstellung hingehen. Erstens finden sich ja bestimmt nicht nur Klischee-Schwangere unter den

Teilnehmerinnen.

Und zweitens verdirbt eine negative Grundhaltung von vorn herein die gute Laune. Man folgt ja einer Vorladung beim Finanzamt auch nicht mit der fatalistischen Einstellung „Auweia, die wollen jetzt wieder nur Geld von mir". Nein. Dort geht man schließlich auch eher mit dem fröhlichen Gefühl „na, wem haue ich wohl heute eins auf die 12" hin. Und genau so sollte es auch beim Gang zu Geburtsvorbereitungskurs sein. Ich meine natürlich nicht, dass man mit der Einstellung jemanden verprügeln zu wollen hingeht. Sowas ergibt sich zwar manchmal von selbst, sollte aber nicht das vorrangige Motiv sein.

Zum Geburtsvorbereitungskurs sollte man sich eher mit der gleichen Grundhaltung begeben, mit der man auch in den Zirkus oder in eine Comedy-Show geht. „Heute werde ich mich köstlich amüsieren. Mal wieder so herzhaft lachen!" Mit dieser Einstellung wird ihnen die Veranstaltung richtig Spaß machen. Man sollte aber auf keinen Fall laut loslachen, wenn eine 110 Kilo schwere, werdende Mutter aus Marzahn beim Vierfüßlerstand das Gleichgewicht verliert, insbesondere dann nicht, wenn deren Ehemann, ein Kirmesboxer aus Pankow dabei ist und eine Nuance zu verbissen an die Sache herangeht. Selbst wenn er verspricht einen im Krankenhaus zu besuchen und eine Packung Marshmellows mitbringen will (Denn die kann man auch ohne Zähne ganz gut lutschen).

Kurz: natürlich gibt es immer ein gewisses Restrisiko.

1000mal geht's gut, wenn man die Tageszeitung aus dem Briefkasten holt… aber einmal kommt dann doch der Nachbar in den Flur und sieht's. Trotzdem: eine positive Einstellung hilft in jedem Fall einen Geburtsvorbereitungskurs halbwegs unbeschadet zu überstehen.

Und noch eins: ein paar Dinge aus den entsprechenden Kursen lassen sich später, wenn es bei der eigenen Partnerin soweit ist, tatsächlich anwenden. In einem Kurs beispielsweise, bin ich von der Gymnastikmatte abgerutscht, hab mir das Knie geprellt und ein wenig angefangen zu weinen.

Die Kursleiterin (die Dexter nicht kannte) hat mich angeschnauzt, was für eine elende Memme ich sei, und ich solle mich zusammen reißen und wegen so einem Klacks nicht gleich Opernarien heulen. Da hat man was gelernt. Und genau das kann man seiner Frau dann im Kreißsaal weitergegeben. Und: wenn man Glück hat, funktioniert es. Die Hebamme wird einen raus schmeißen und man kann im Wartezimmer in Ruhe eine rauchen. Besser so, als wenn man zu seiner Frau gesagt hätte: „Du Schatz, press' mal schön weiter, ich gehe schnell eine Rauchen!" Doch bevor es soweit ist:

Frauenärzte:

Es gibt für viele Männer kaum etwas Unangenehmeres als mit
seiner Partnerin gemeinsam zum Frauenarzt zu gehen. Abgesehen
vielleicht mal davon, wenn rauskommt, dass man heimlich
Kerstin Ott hört.

Beim Geburtsvorbereitungskurs finden sich normalerweise
noch immer ein paar Kerle ein, die das gleiche Schicksal mit
einem teilen und in Ketten von ihren Angebeteten zum Kurs
gezerrt wurden. Man wirft sich verständnisvoll-mitleidige Blicke
zu, rollt gemeinschaftlich mit den Augen wenn eine
Kursteilnehmerin zum fünften Mal fragt, ob „Körpertemperatur
für's Fläschen" auch gilt, wenn frau 40 Fieber hat, oder man
unterhält sich mit seinem Mattennachbarn während der
PressÜbungen heimlich über interessantere Dinge, wie: „was ist
denn das für ein Fleck da an der Wand?" – „´Ne tote Fliege?" –
„Glaub ich nicht. Aber, könnte sein!"

Vielleicht wird man auch mit Leidensgenossen bis Kursende
draußen angebunden. In jedem Fall aber ist die Chance ziemlich
groß, das man Gleichgeschlechtliche findet, die einen verstehen.
Ganz anders beim Frauenarzt. Dort ist „Mann" normalerweise
allein in „Feindesland". Die Chancen einen zweiten
Einzelkämpfer auf demselben Gefechtsfeld zu treffen, sind
denkbar gering. Selbst wenn es sich beim Frauenarzt ebenfalls
um einen Kerl handelt, ist von ihm in der Regel keinerlei Hilfe zu

erwarten.

Schon im ersten Semester Gynäkologie müssen männliche Studenten nämlich ihre Hormone beim Dekan der Universität abgeben und bekommen sie erst wieder, wenn sie nach 35 Jahren als praktizierender Frauenarzt schließlich in Rente gehen. Nein. Einen Verbündeten findet man in der männlich geleiteten Praxis auch nicht.

Und darüber hinaus werden statistisch gesehen immer mehr Frauen Frauenärzte, so dass man sich im Behandlungszimmer ein „Boah, guck mal, ey!" getrost verkneifen kann.

Kurz: Mann ist allein unter Frauen.

Und nicht nur das. Schon im Wartezimmer ist das Ambiente ausschließlich auf die weibliche Klientel abgestimmt. Überall hängen furchteinflößende Babyposter, die von den anwesenden Damen zu allem Überfluss auch noch permanent mit „wie süß" kommentiert werden. Im Zeitschriftenständer findet sich keine „Auto-Motor-Sport", und noch nicht mal ein Playboy oder Penthouse, wobei die Fotos darin nicht wirklich das Thema verfehlen.

Stattdessen blättert man gelangweilt in Zeitschriften wie: „Mein Baby" oder „Tolle Jahre-Wechseljahre". Mann erfährt sogar, wie viele unterschiedliche Mittel es gegen Blasenschwäche gibt. Aber das ist ein anderes Thema. Mann wartet also mit seiner Frau darauf, endlich an die Reihe zu kommen, umzingelt von

Doppel-X-Chromosomen unterschiedlichen Alters und Ausführung. Und nur die wenigsten von ihnen haben ein so „normales Problem" wie eine Schwangerschaft.

Wenn sich die 55-jährige Hausfrau aus HerneWanne-Granne mit der gelbzähnigen Rentnerin neben ihr über so ein gewisses Jucken und Brennen unterhält, bleibt eigentlich nur die „Ohrenzuhalt-Taktik. Oder Musik vom Smartphone. Am besten eignet sich „I shot the sherriff", da der Song eine komplette Oktave abdeckt und damit sowohl die Tonlage älterer, als auch jüngerer Frauen deren Krankheiten auf -triose oder – pilz enden, übertönt.

Die einfachen „Micky-Mäuse", die man bei Sprengungen im Bergbau trägt, tun's aber auch.

So unwohl man sich im Wartezimmer auch fühlen mag, zu Gute halten muß man den leidenden Frauen, dass sie die „mitwartende Männer" noch nie vorsätzlich, tätlich angegriffen haben, es sei denn diese haben sich bei der Lektüre von „Frau und Mutter" zu sexistischen Bemerkungen hinreißen lassen. Normalerweise gehen die Frauen in den Wartezimmern von Frauenarztpraxen mit den Männern sogar eher fast liebevoll um. Wie mit kleinen Kindern, die mit Mami mitkommen mussten, weil so schnell kein Babysitter aufzutreiben war.

Charakteristisch ist auch, dass Mann nie direkt angesprochen wird.

Das Gespräch läuft ausschließlich über die Frau, mit der man dort ist. „Schön, dass er mitgekommen ist! Da müssen sie aber stolz sein!" – „Ja, er ist ja auch ein ganz lieber. Manchmal macht er ein bisschen viel Dreck, aber... naja...!" – „Ja,... Männer halt!" – „Jaja. Hahaha."

Und wenn man Glück hat, wird man über den Kopf gestreichelt und bekommt ein Bonbon. Dann werden üblicherweise noch ein paar Floskeln wie: „kann er denn schon lesen?" oder „ist er denn gut im Bett?" ausgetauscht, und dann ist frau auch schon wieder beim Thema Brennen und Jucken. Und wenn man dann mit der dritten Strophe von „I shot the Sheriff" durch ist, hat man vielleicht Glück und wird ins Behandlungszimmer gerufen.

... da passieren auch noch merkwürdige Dinge... Und dann gibt's manchmal noch ein Spiel mit Ultraschall-Bildern, wo man die Punkte auf den Fotos verbinden muss. Dann kommen lustige Tiere oder Diktatoren dabei raus. Aber mehr davon im nächsten Leben.

48 Die Reise des Herrn M. (Teil 6)

Der Schatten der Nacht begann sich langsam über Paris zu legen. Sowohl die Bücherverkäuferin, als auch Herr M., warteten ungeduldig auf ihren Feierabend. Aus seinem Versteck beobachtete Herr M., wie ein grauhaariger Mann aus einem Lieferwagen ausstieg, welcher direkt vor dem Verkaufsstand gehalten hatte. Der Mann wechselt ein paar Worte mit der jungen Verkäuferin. Daraufhin nahm sie ihre getigerte Handtasche, nickte dem alten Mann zu und entfernte sich vom Stand. Ein paar Meter trennten sie noch von der Zurechtweisung des „stupid tourists Mr. M.". Noch einmal übte er seinen Satz: „Zenne tee pah schontiel!"

Doch als die Hübsche mit der Liza Minelli Frisur selbstbewusst an ihm vorbei stakste, verließ ihn der Mut. Was, wenn er sie ansprechen, und sie sein radebrechtes Französisch nicht verstünde? Was, wenn sie sich nur um so mehr über ihn lustig machen würde? Sicher würde er sich dann klein und unbedeutend vorkommen. Seine Selbstsicherheit war in Gegenwart schöner Frauen zeitlebens ohnehin unter Null gewesen. Und in diesem speziellen Fall könnte er nicht mal empirisch auf ein Wunder hoffen.

Der wohl geformte Apfelpo der Verkäuferin bewegte sich gleichmäßig und verführerisch in ihrer engen Jeans. Herr M. sah ihr nach. „Frauen", dachte er, „Frauen sind im Grunde wie Pflanzen. Man muss sie hegen und pflegen, sich nach ihren Bedürfnissen richten, aber am Ende ist alles Bemühen noch immer keine Garantie dafür, dass sie letztlich nicht doch eingehen."

Grundlage seiner philosophischen Betrachtungen über das weibliche Geschlecht, waren Bücher und Filme. Außer mit seiner verstorbenen Mutter, seiner Tante Martha und den Lehrerinnen in seiner Schule, hatte Herr M. noch niemals mehr als zwei zusammenhängende Sätze mit einer Frau gesprochen. Es war nicht so, dass Frauen ihm gleichgültig waren. Nein, er verehrte auf seine distanzierte Art und Weise ihre Ästhetik. Aber der direkte Umgang mit dem anderen Geschlecht machte ihm Angst. Sie mochten zwar ähnliche Krankheiten bekommen wie Männer, aber darüber hinaus war ihm alles was mit Frauen zusammenhing absolut fremd und rätselhaft.

Herr M. hatte mal mit dem Gedanken gespielt, Höhlenforscher zu werden, doch er fürchtete sich vor dem Unbekannten, was ihn in der Dunkelheit des Untergrundes erwarten würde. Und exakt so verhielt es sich für ihn, wenn er daran dachte, die Psyche und das Wesen einer Frau ergründen zu müssen.

Das Mädchen, welches sich immer weiter von ihm entfernte, war natürlich zweifelsfrei der weiblichen Seite zuzuordnen. Doch plötzlich hatte Herr M. den Gedanken, dass die Dame für ihn genauso gut nichts weiter als ein unverschämter Dienstleister sein müsste. Geschlechtsneutral. Jemand, der sich unangemessen verhalten hatte, und der es verdiente, darauf aufmerksam gemacht zu werden.

Herr M. sprang aus seinem Versteck hervor und nahm schnellen Schrittes die Verfolgung der Verkäuferin auf. In einem kleinen Park in der Nähe der Rue du Fauconnier hatte er sie schließlich eingeholt. Ein paar Meter schlich er hinter ihr her. Dann machte er ein paar große, hastige Schritte, überholte das Mädchen und baute sich vor ihr auf wie ein Sumoringer. Verunsichert blieb sie stehen.

„Tu remember moi.", sagte er, denn er hatte das Gefühl seine Ermahnung bedarf einer Einleitung. Unabhängig davon, ob sie seine Formulierung verstand, oder nicht, antwortete sie mit

„James Joyce – Ulysses", was den Schluss nahe legte, sie habe ihn sehr wohl wiedererkannt.

„C'est bon!", erwiderte M. „Genau der bin ich. Also... je bin pas nicht James Joyce. Das ist ja wohl klar. Mais, ich bin der Mann von heute Nachmittag. Das wissen sie ja schon noch. Sonst hätten sie ja nicht das mit Ulysses gesagt."

Herr M. merkte, wie er ins Schwimmen geriet. Wie sehr hatte er sich vorgenommen, selbstbewusst seinen Satz zum Thema „das war aber nicht nett" aufzusagen. Einen x-beliebigen Dienstleister in die Schranken zu weisen. Doch beim Betrachten der jungen Frau, die nun auch noch anfing zu kichern, schwand sein Vertrauen in sein Auftreten, wie Sandgekritzel am Strand unter einer Welle.

„Also, also, es geht um ihr unverschämtes Verhalten von heute Nachmittag!", versuchte er noch einmal die Kurve zu bekommen. Doch vergebens.

„Adieu, Monsieur!", sagte sie nur schnippisch und ging kichernd an Herrn M. vorbei. Sie zog den Riemen ihrer Handtasche fester an sich, was zur Folge hatte, dass ihre Bluse etwas verrutschte und den Blick auf einen schwarzen BH und ein wenig ihres Busens freigab. Herr M. blieb dieser Anblick nicht verborgen. Doch satt sich an den verbotenen Einblicken zu erfreuen, wie ein Voyeur der durch ein kleines Astloch einer Damenumkleide am Badesee schaut, merke Herr M. Ärger in sich aufsteigen.

Dass Frauen Männer lediglich durch das zur Schau stellen ihrer Weiblichkeit aus der Fassung bringen konnten, hielt er für die größte Ungerechtigkeit, die der liebe Gott sich hatte einfallen lassen. Wütend ballte er seine Hände in seinen Jackentaschen zu Fäusten. Dabei bemerkte er einen scharfen, metallischen Gegenstand in seiner rechten Tasche. Das Gemüsemesser. Beherzt und ohne nachzudenken, griff er fest den Schaft des Messers, holte es aus der Tasche, hob es hoch zur Attacke und stürzte hinter der ahnungslosen Bücherverkäuferin hinterher. Was Herr M. dann veranstaltete, sollten wir uns nicht so genau anschauen. Deshalb denke ich, wir kommen wieder, wenn Herr M. seine Tat vollbracht hat...

49   Sverige

Als ich jüngst in Schweden war
Fand ich alles wunderbar
Die Häuser mit der Dachterrasse
Sagenhaft. Sind einfach klasse

Auf Schweden laß ich echt nix kommen
Hab dort fünf Kilo abgenommen
Ich war ja da auch viel auf Achse
Meist Fische fangen, sogar Lachse

Ja, die sind toll, die Skandinaven
Die Blöden nicht, aber die Braven
Passiert ist da auch nichts mit Mücken
Man muß sich nur rechtzeitig bücken

Und dann die riesengroßen Seen
Da kriegt man jedes Mal ein ... gutes Gefühl
Dagegen sind die Seen bei Plön
Irgendwie nicht ganz so schön

Was mir da oben noch gefällt
Dass jeder sich `ne Elchkuh hält

Tiefgefror`n – wie auch die Wachteln
Weil Schweden nun mal gerne spachteln

Was gibt es sonst wohl noch zu sagen?
Hier wird viel H&M getragen
Ikea ist nicht rar gesät
Dem Schweden gleich ist Qualität

Von ABBA spricht hier keiner mehr
Man schätzt sehr den Oral-Verkehr
Sehr niedrig ist die Hundesteuer
Ach ja... das Bier ist viel zu teuer Skol!

50 Gedanken in Wittmund und Umgebung

Die Häuser sind aus rotem Backstein

Das mag hier wohl so der Geschmack sein

Auf manchen liegt als Dach auch noch das Reet

Bei andern kam die Feuerwehr zu spät

Moin Moin passt als Begrüßungsformel immer

Gilt als Beleidigung genauso – und noch schlimmer

Wenn man den Weg zum Bahnhof wissen will

Moin moin heißt: geradeaus, bis hintern Siel

Wenn auch Gerüchte anderes behaupten

Den Friesen kennt man nicht an seinem Nerz

Grad eben sah ich einen mit `nem Frettchen

Und einen auf ´nem Schwein, das ist kein Scherz

Am liebsten trinkt man hier den Tee mit Rum

Doch viele machen's auch gern anders rum

Manch einer lässt sogar den Tee weg

Schluckt Fusel pur und knallt dann auf den Gehweg

Die Landschaft hier ist platt, so wie die Mundart

Drum weiß ich nicht, was mir der Bauer kund tat

Als er mich ansprach auf dem Weg ins Watt

Bis mich die Flut ganz sachte angepieselt hat

Nehm an, er wollt' mich warnen, dass das Wasser steigt

Deshalb hat er wohl auch so wild auf's Meer gezeigt

Die Freundlichkeit hier, macht mich fast betroffen

Hätt' ich's verstanden, wär' ich nicht ersoffen

51 Wie alles anfing

Die Erde ist, schenkt man der Urknall-Theorie glauben, ungefähr 4,6 Milliarden Jahre alt. Der moderne, aufrecht gehende, denkende Mensch, der in direkter Linie unser Vorfahre ist (das belegen fossile Funde, die im heutigen Äthiopien entdeckt worden), existiert seit nur ca. 200.000 Jahren. Und das ist auch gut so. Wären wir beim Urknall dabei gewesen, hätten sicherlich heute noch alle einen Tinnitus.

Anmerkung am Rande:

Eine affektierte sechzehnjährige mit Hörschaden nennt man in Fachkreisen „Teenie-Tus(si)".

52 Nächtliche Notizen

Es war mal wieder spät geworden, letzte Nacht. Jones hatte sich "Adaption" auf DVD angeschaut und ein paar Whiskey dazu getrunken.

Whiskey brachte ihn immer auf gute Gedanken. Und in der Kombination mit einem Charlie Kaufman Film fühlte er sich lebendig, jung und inspiriert. Ideen schossen ihm durch den Kopf wie ein Jäger aus Cumberland auf Tontauben.

Er kritzelte seine Gedanken in sein kleines, rot-schwarzes Notizbuch. Seine Hand, die den Pelikan-Füllfederhalter umschloss, war viel zu langsam für seinen übersprudelnden Geist.

Endlich, es war schon fast 3 Uhr früh, klappte Jones seine Kladde zu. Großartige Fragmente herausragender Geschichten waren hierin niedergeschrieben. Zufrieden legte er sich schlafen. Nur wenige Stunden, denn sein Unterbewusstsein konnte es kaum erwarten seine Notizen in Reinfassung zu bringen. Er würde sich noch heute ans Werk machen.

Als Jones am Morgen sein Notizheft öffnete hatte er Mühe seine eigene Handschrift zu entziffern. Brille und Lupe halfen ihm.

Und schließlich stieß er auf die Essenz des am gestrigen Abend verfassten: Brot, Milch, Butter, Schinken, Autowaschen usw. usw.

Ach so, dachte Jones, schon merkwürdig um was die Gedanken des Nachts so kreisen, wenn man ein paar Whiskey intus hat. Er setzte sich seinen alten Blues-Brothers Hut auf, und ging einkaufen. Danach fuhr er mit seinem alten Opel zur Waschanlage.

53 Schön, schön

Alles.

Alles ist schön.

Nur nicht für jeden.

Gleichermaßen.

Alle Menschen sind schön.

Einige schön doof.

Behaupten die anderen.

Und die anderen Anderen behaupten umgekehrt das selbe.

Oder auch nicht.

Weil sie doof sind.

Schönheit liegt im Augen des Betrachters.

Schmerzt das nicht?

Asam Beauty verspricht Schönheit.

Man soll nichts versprechen, was man nicht halten kann.

Das würde Saga Norén wohl sagen.

Ist man/frau schön, wenn er/sie sich selbst nicht schön findet?

Lebt Schrödingers Katze noch, oder ist sie tot?

Schönheit kommt von innen.

Blähungen auch.

Vielleicht kommt sie aber auch nicht von innen.

Die Schönheit.

Vielleicht ist sie innen.

In allen.

Nur Viele erkennen sie nicht.

Können sie nicht raus lassen.

Who let the dogs out? Who? Who?

Oder wollen es nicht.

Macht Schönheit angreifbar?

Verletzlich?

Hat jemand ein Pflaster?

Bildschön.

Sind denn alle Bilder schön?

Wunderschön.

Sind denn alle Wunder schön?

Auch die blauen?

Ohwie schön.

Kennt den jemand?

Ist das nicht der Bruder von Jesus, der in dem Lied „Stille Nacht" immer gelacht hat?

Tausendschön.

Sind 10.000 nicht noch schöner?

Wenn Barbara die Schöne ist, wer ist dann Schöner?

Am Schönsten.

Geht nicht mehr?

Am Allerschönsten?

Oder ist es an der Aller am Schönsten?

SIE sind schön.

Und wissen es nicht.

Und werden es wohl nie erfahren.

Schön schade.

54 Die fünfte Jahreszeit

Die schönste Zeit im ganzen Jahr
Das ist der Sommerschlussverkauf
Wenn Hemden, Hosen, Badeshorts
Nur halbsoviel noch kosten
Dann dreht man mal so richtig auf
Im Westen wie im Osten

Schon früh um fünf an Karstadts Tür
Hört man mein leises Schaben
Ich brauche nichts, soviel steht fest
Doch will ich alles haben

Ein Nylontop für dreiundvierzig
Ein Hut für sechsundzwanzig Flocken
Ich nehme was ich kriegen kann
Und bin nicht mehr zu halten
Sogar ein Paar gestreifte Socken
Und ein Quartett zum Falten

Der Sommer geht, der Herbst ist da
Und der Verkauf zu ende

Die Schätze hab ich weggepackt
Und starre an die Wände
Nur ein Gedanke regt mich auf
Das ist der Winterschlussverkauf

55 Der Drang des Stammtischphilosophen

Eines möchte ich gerne wissen
Warum muß man ständig pissen

Mitten im Gespräch, ich wette
Rennt man wieder zur Toilette

Sagt im Gehen zwei, drei Wörtchen
Schwupps, schon ist man auf dem Örtchen

Und dann lässt man`s munter laufen
Denn man will ja weiter saufen

Will am Stammtisch diskutieren
Dabei keine Zeit verlieren

Beim nächsten Bier, ob Glas, ob Dose
Mach ich mir lieber in die Hose

56 Künstler und ihre Musen

„Egon!"

„Was denn?"

„Du musst die Nippel größer malen."

„Wieso?"

„Ich glaub. Ich schiele schon!"

„August!"

„Was denn?"

„Kannst du nicht ein bisschen dezentere Farben nehmen?"

„Wieso?"

„Wenn ich noch länger da drauf schaue, krieg ich ´ne Macke."

„Paul!"

„Was denn?"

„Ich mache mir Sorgen, dass Du leicht arrogant werden

könntest."

„Wieso?"

„Weil die dich ständig über den grünen Klee loben!"

„Gustav!"

„Was denn?"

„Haben wir irgendwo noch Öl?"

„Wieso denn?"

„Die Tür klimt!"

„Franz!"

„Was denn?"

„Ich muß einkaufen gehen. Klopapier ist alle."

„Ja, und?"

„Na, haste mal ´ne Marc?"

„Max!"

„Was denn?"

„Hast du dieses Krikel-Krakel gemalt?"

„Ja, und?"

„Das kann ja wohl nicht dein Ernst sein."

„Otto!"

„Was denn?"

„Was soll'n das da für'n Dix sein?"

57 Facebook-Freundin und mehr

Er sah sie zum ersten mal auf Facebook. Es war ein langweiliger Abend. Allein zu Haus. Die erste Flasche Rotwein hatte er in einer halben Stunde alle. Die zweite neigte sich mittlerweile auch dem Ende. Ziellos surfte er durch's Internet. Ein paar Musik-Videos auf youtube anschauen. Kurze Klicks auf ein paar Pornobilder. Aber auch das langweilte ihn. Dann checkte er, wer von seinen Freunden auf Facebook online war. Ein Typ aus Iserlohn, den er nicht einmal kannte, aber trotzdem in seine Freundschaftsliste aufgenommen hatte.

Über was sollte er mit dem chatten? Sonst war zu dieser Zeit anscheinend niemand seiner Bekannten am Computer. Frustriert tippte er den Namen seiner Ex-Freundin aus der Schulzeit in die Suchfunktion. Mia Sonntag. Davon gab es neun Stück. Vier davon ohne Foto. Die anderen waren definitiv nicht seine Verflossene. Aus purer Langeweile schrieb er diverse weibliche Vornamen, in Verbindung mit Wochentagen als Nachnamen in die Suchspalte. Marita Mittwoch. Gab es nicht. Uschi Donnerstag. Gab es nicht.

Doch mit Jutta Samstag landete er nach vielen Versuchen endlich einen Treffer. Ihr Foto war ausnehmend ansprechend. Er scrollte durch weitere ihrer Bilder. Jutta am Strand. Jutta vor dem Eiffelturm. Jutta beim Barbecue im Park. Sie machte einen sympathischen Eindruck. Auch die angegebenen Interessen deckten sich mit seinen. Sie liebte sogar Fußball und ihr Lieblingsclub war Mainz. Genau wie seiner.

Ja. Jutta schien echt nett zu sein. Er beschloss, ihr eine Nachricht, nebst Freundschaftsanfrage zu schicken. „Hallo Jutta. Bin zufällig über dein Profil gestolpert. Ich finde dich gut. Bitte adde mich." Er schickte die Message los und starrte noch ein Weilchen auf den Monitor, als wolle er sichergehen, dass die Nachricht auch wirklich im richtigen Briefkasten landete. Dann ging er zu Bett.

Am nächsten Abend war immer noch keine Freundschafts-bestätigung von Jutta gekommen. Auch nicht am Übernächsten. Nicht einmal am Samstag, Juttas „Namenstag". So langsam wurde er sauer. Noch einmal klickte er auf Juttas Profil. Warum antwortete sie nicht. „Blöde Schlampe!" Dann surfte er noch ein bisschen bei youtube. Verschwörungstheorien. Den Virus hat die Regierung selbst verbreitet, um die Digitalisierung voran zu treiben. Naja. Könnte sein. Schließlich landete er wieder bei Facebook. Jutta hatte natürlich noch immer nicht geschrieben. Er stöberte ein wenig in Juttas Freundesliste. Ein Bild, mit einem

Quietscheentchen erregte seine Aufmerksamkeit. Er klickte auf das dazu gehörige Profil. Es gehörte zu einem Typen namens Chris. Dieser Chris war anscheinend ein „toller Hecht".

Er postete viel. Meistens Fotos, die ihn selbst zeigten. Beim Radfahren. Im Fitnessstudio. Auf Sylt. Am See. Bei Jutta, der blöden Schlampe. Unter einem der Posing-Bilder stand als Kommentar: „Chris, du hast echt 'nen tollen Body." Diese Zeile stammte von Frau Samstag. Er klickte in die Kommentarspalte und stellte überrascht fest, dass die Kommentarfunktion für ihn nicht gesperrt war, obwohl er nicht zu Chris' Freundesliste gehörte. Also schrieb er: Ein paar Muskeln, aber nix im Hirn und nix in der Hose. Arme Sau.

So. Jetzt hatte er es dem Arschloch aber gezeigt! Und es war ganz einfach. Sowas wollte er in Zukunft öfter machen. Was er auch tat. Immer häufiger scrollte er durch's Netz. Nicht nur auf Facebook, sondern auch bei Insta, auf diversen Foren oder in Chats sonderte er geistlose Bemerkungen ab. Eine „mollige" Influencerin bezeichnete er als „Fette Sau". Einen CDU Politiker als Nazi-Pisser und eine Grüne als Öko-Fotze. Das machte so richtig Spaß. Er begann sogar damit, andere User in Chats gegeneinander aufzustacheln, bis diese sich hasserfüllt beleidigten, und er genüsslich mitlesen konnte.

Die Wochen vergingen, und er merkte, wie er sich veränderte. Die Aggressivität, die er im Netz an den Tag legte, nahm er allmählich auch mit hinaus ins echte Leben. Er maulte Rentner an, die an der Supermarktkasse nicht schnell genug ihr Kleingeld zählten, zerkratzte den Lack an parkenden Autos, und einmal hätte er fast einen Obdachlosen angezündet, wenn es nicht angefangen hätte zu regnen.

Als er eines Tages wieder auf Facebook war, staunte er nicht schlecht, dass Jutta seine Freundschaftsanfrage angenommen hatte. Sie schrieb: „Sorry. War jetzt ziemlich lange nicht auf FB. Lag im Krankenhaus. Eigentlich ist es nicht meine Art, Anfragen von Fremden anzunehmen, aber Du scheinst ein netter Typ zu sein."

Sie hatte also nicht früher geantwortet, weil sie im Krankenhaus war. Woher sollte er das denn wissen? Er schämte sich. Dann begann er darüber nachzudenken, was er in der vergangenen Zeit so alles angestellt hatte. Richtig mies. Er schämte sich noch mehr und beschloss, von jetzt an ein besserer Mensch zu werden. Die Antwort, die er Jutta schickte, war nett und sympathisch formuliert. Bei den beiden entwickelte sich langsam eine richtig gute Freundschaft. Es fühlte sich gut an. Irgendwann trafen sich er und Jutta dann auch im richtigen

Leben. Sie wurden ein Paar.

Stop!

Das ist leider alles zu schön und zu kitschig. Die Wahrheit ist, dass Jutta sich zwar meldete, er aber zurück schrieb, sie könne ihn am Arsch lecken. Blöde Schlampe. Wozu brauchte er noch diese Tusse? Jetzt hatte er ein viel weiteres, besseres Betätigungsfeld, als sich mit Facebook-Pussies abzugeben. Im Grunde war er ihr sogar dankbar, denn wenn sie gleich geantwortet hätte, wäre er wohl nie auf die Idee gekommen, sein Leben durch Hasskommentare zu bereichern. Das schrieb er ihr natürlich nicht.

Stattdessen setzte er seine innere Wut weiter im Netz und im näheren Umfeld um, träumte aber davon, eines Tages etwas richtig radikales zu machen. Worüber man in der Tagesschau berichten wird. Im Darknet besorgte er sich eine Waffe. Eine Glock 17, genau die Gleiche, die der Amokläufer von München hatte. Cooles Ding. Damit machte er des Nachts gezielt Jagd auf...

Stop!

Auch so war es nicht, wenn es auch im Bereich des Möglichen lag.

Die Wahrheit ist: bevor etwas noch Schlimmeres passieren

konnte, verunglückte er mit seinem tiefer gelegten Golf bei einem nächtlichen, illegalen Autorennen tödlich. Das Kreuz mit seinem Namen kann man am siebenundvierzigsten Chaussee-Baum am Rand der Bundesstraße sehen.

Stop!

In Wirklichkeit sitzt er weiter stundenlang vor dem PC und schreibt aus der Anonymität heraus Hetzpropaganda im Netz.

Stop!

Tatsächlich ist ihm klar geworden, was er damals für Blödsinn verzapft hat. Und jetzt macht er eine Ausbildung und will KfzMechatroniker werden. Eine Freundin hat er auch.

Stop!

Alles wäre möglich. Und noch viel mehr. Aber am Besten wäre es, es wäre schon am Anfang nie soweit gekommen. Und das liegt nicht an Jutta...

Vielmehr an... Ja, woran eigentlich? Vielleicht findet man darüber ja etwas im Internet...

58   Bochum ich komm aus Dir

Ein Bauer auf der Mauer

Verfällt doch auf die Dauer

Mit Sicherheit in Trauer

Und selbst ein fieser Drachen

So sind nunmal die Sachen

Wird irgendwann mal lachen

Auch jeder alte Schinken

Das riecht ein jeder Zinken

Wird ganz bestimmt mal stinken

Nur Herbert wird´s nicht bringen

So ist es mit den Dingen

Der kann partout nicht singen

Oder doch?

59 Am Rhein

Ich möcht´ mit Dir am Rhein sein

Und irgendwie ganz klein sein

Wir ziehen uns ´nen Wein rein

Dann sagst Du: das ist mein Bein

Vor uns, da treiben Kutter

Wir schreiben Deiner Mutter

Jawoll

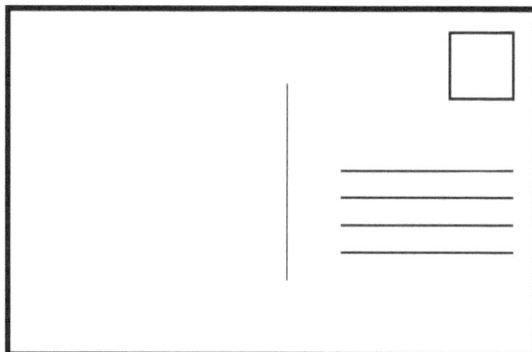

Diese Vorlage darf gerne für eigene Post benutzt werden.

60 Kinderlieder (und deren Herkunft)

Viele werden sich sicher noch an das Lied der Jahreszeiten erinnern. Oft wurde es im Kindergarten gesungen. Ursprünglich aber bezog es sich nicht auf die Jahreszeiten, sondern auf eine leicht verwirrte Mutter, die ihren Kindern die unterschiedlichsten Aufgaben zuteil werden ließ. Jeder ihrer Sprösslinge sollte die Frau Mama mit bestimmten Gaben beglücken. Dass die Namen der ersten drei Kinder der besagten Mutter den ersten drei Jahreszeiten entsprechen ist wahrscheinlich nur reiner Zufall.

Es war eine Mutter die hatte vier Kinder
Den Frühling, den Sommer, den Herbst und den Günther
Der Frühling bringt Blumen, der Sommer den Klee
Der Herbst, der bringt Trauben, der Günther den Tee.

Von oben genannter Mutter stammt auch ein Klassiker der Schlaflieder. Ursprünglich hatte sie dieses Lied getextet, um ihren Kindern vor dem Einschlafen mitzuteilen, was sie im Grunde von ihrem Ehemann, dem Vater der Kinder, hielt. Sie war, wie der Originaltext zeigt, nicht sonderlich gut auf ihn zu sprechen. Es ist überliefert, dass er sich tatsächlich oft nicht von seiner besten Seite gezeigt haben soll. Meist war er alkoholisiert. Allerdings begann seine Trinkerei erst zu der Zeit, als die

Schizophrenie der Mutter so weit fortgeschritten war, dass sie dachte, sie sei eine Ulme.

Schlaf, Kindchen, schlaf!
Dein Vater ist ein Schaf
die Mutter ist ein Bäumelein
haut Papa mit den Zweigelein
Schlaf, Kindchen, schlaf!
Schlaf, Kindchen, schlaf!
Dein Papa ist nicht brav
Schaut viel zu tief ins Fläschelein
Und haut dann alles kurz und klein
Schlaf, Kindchen, schlaf!

Ein bekannter Kanon stammt ebenfalls aus der Feder der leicht debilen Mutter. Er entstand, als sie ihre Ferien auf dem Bauernhof verbrachte. Dort machte sie eine Beobachtung, mit der sie sich in einem Lied auseinander setzte.

Der Hahn frisst Kot, der Hahn frisst Kot
Der Hahn frisst Kot, der Hahn frisst Kot
Ich glaub, er geht gleich ein – kokodi – kokoda

Der Geisteszustand der Mutter verschlimmerte sich zusehends.

Einmal wurde sie dabei beobachtet, wie sie Teile ihres Kaffeeservice in einem kleiner Weiher zu Wasser ließ. Aus dieser Zeit stammt folgendes Lied:

Alle meine Kännchen schwimmen über'n See
Schwimmen über'n See
Teller gehen unter
Tassen sind okay

Nach diesem Vorfall wurde die Mutter in eine geschlossene Anstalt eingeliefert. Dort soll sie mehrere Jahre in einer Art Dämmerzustand verbracht, und angeblich mit niemandem, außer mit einer kleinen Kohlmeise, gesprochen haben. Der Kohlmeise gab sie ab und zu kleine Briefe mit, welche diese zu den vier Kindern und dem mittlerweile trockenen Vater nach Hause bringen sollte. Die Mutter selbst musste in der Anstalt bleiben. Das Lied, welches sie in der Anstalt schrieb, wird noch heute genau so und ohne Textänderungen gesungen.

Kommt ein Vogel geflogen
Setzt sich nieder auf meinen Fuß
Hat ein Zettel im Schnabel
Von der Mutter einen Gruß
Lieber Vogel, fliege weiter

Nimm ein Gruß mit und einen Kuss

Denn ich kann dich nicht begleiten

Weil ich hier bleiben muss

Bevor sie im darauf folgenden Winter starb, schrieb sie ein letztes Lied. Es basiert auf einer Beobachtung, die sie machte, als sie in einem höheren Stockwerk der Anstalt aus dem Fenster schaute. Dies ist das letzte Kinderlied, das aus der Feder der verwirrten Mutter stammte.

Drei Chinesen mit dem Kontrabass saßen auf der Straße und erzählten sich was. Da kam die Polizei: "Ja, was ist denn das?" Drei Chinesen mit dem Kontrabass.

Dieses Lied sang sie bis zu ihrem Tode, tagein, tagaus. Je mehr sich ihr Zustand verschlechterte, desto undeutlich wurde aber ihre Aussprache.

Draa Chanasan mat dam Kantrabass saßan aaf dar Straßa and arzahltan sach was. Da kam daa Palazaa: "Ja, was ast dann das?" Draa Chanasan mat dam Kantrabass.

Dree Chenesen met dem Kentrebess seßen eef der Streße end erzehlten sech wes. De kem dee Pelezee: "Je, wes est denn des?"

Dree Chenesen met dem Kentrebess.

Drii Chinisin mit dim Kintribiss sißin iif dir Strißi ind irzihltin sich wis. Di kim dii Pilizii: "Ji, wis ist dinn dis?" Drii Chinisin mit dim Kintribiss.

Droo Chonoson mot dom Kontroboss soßon oof dor Stroßo ond orzohlton soch wos. Do kom doo Polozoo: "Jo, wos ost donn dos?" Droo Chonoson mot dom Kontroboss.

Druu Chunusun mut dum Kuntrubuss sußun uuf dur Strußu und urzuhltun such wus. Du kum duu Puluzuu: "Ju, wus ust dunn dus?" Druu Chunusun mut dum Kuntrubuss.

Drää Chänäsän mät däm Känträbäss säßän ääf där Sträßä änd ärzähltän säch wäs. Dä käm dää Päläzää: "Jä, wäs äst dänn däs?" Drää Chänäsän mät däm Känträbäss.

Dröö Chönösön möt döm Köntröböss sößön ööf dör Strößö önd örzöhltön söch wös. Dö köm döö Pölözöö: "Jö, wös öst dönn dös?" Dröö Chönösön möt döm Köntröböss.

Drüü Chünüsün müt düm Küntrübüss süßün üüf dür Strüßü ünd ürzühltün süch wüs. Dü küm düü Pülüzüü: "Jü, wüs üst dünn düs?" Drüü Chünüsün müt düm Küntrübüss.

Die verstorbene Mutter wurde im engsten Familienkreis am Waldrand hinter dem Haus beigesetzt. Günther servierte für alle Tee.

Gerüchten zufolge wurde die Mutter als Waldpilz wiedergeboren.

Die Mutti steht im Walde ganz still und stumm,
Sie hat von lauter Purpur ein Mäntlein um.
Sagt, wer mag die Alte sein,
Die da steht im Wald allein
Ist es das beklo-ho-hopte Müt-ter-lein?
Ob das jetzt so stimmt ist aber nicht belegt.

a.) Ein Rap *(bitte versucht's mal)*

Gar Nichts Kapiert

Du hast mich immer nur beschissen, Alter

Und ich hab Dir auch noch geglaubt, Du Spalter

Als du gesagt hast, dass wir Freunde wär'n

Warst du in Wahrheit nur auf meine Kohle scharf

Auf meine Jobs, und was es sonst noch gab

Du Penner laß die Lügen sein,

Du hast doch alle nur benutzt

Und alle fiel'n auf deine Lügen rein

Wie kannst du dich denn noch im Spiegel ansehen

Wo dir das letzte bisschen Ehre und Moral abgeh'n

Du wolltest der sein, der mit Füßen tritt

Doch irgendwann da liegst du unten,

und kriegst selbst den Tritt.

Ich sag' dir, dass das Leben sich an jedem rächt

       Wer heute Freunde bescheißt,

dem geht es morgen schlecht

Ich kenn' euch Typen, ihr seid die,

die auch Frau'n schlagen

Jetzt hör' mir zu, ich will *dir* was im Vertrau'n sagen

Du bist doch nur unzufrieden

Dir Penner sollte man den Mund verbieten
Du findest nie im Leben jemals deinen Seelenfrieden

Werdet ihr je kapier'n?
Jemals kapier'n?
Werdet ihr je kapier'n, dass die Lügen nichts bring'n
Dass eure Lügen nichts bring'n
Könnt ihr denn gar nicht seh'n?
Könnt ihr nicht seh'n
Könnt ihr denn gar nicht seh'n,
was *mit* Euch passiert
Habt ihr den gar nichts kapiert?

Ihr macht nur mit, solange ihr den eig'nen Vorteil seht
Doch wenn man echte Freunde braucht
dann kommt man leider zu spät
Du machst auf Kumpel: Alter, lass dich drücken
Alles nur Show, man dreht sich um und hat
den Dolch schon längst im Rücken
Ihr seid erbärmlich, weil ihr auch noch feige seid
Ihr denunziert und bringt euch selber schön in Sicherheit
Wo sind die Jungs auf die man zählt,
Auf die man sich verlassen kann
Ihr seid doch Scheißer, die man eigentlich nur hassen kann

Ich spreche von Vertrau'n

Vertrau'n und Ehrlichkeit

Wann merkt ihr endlich, dass ihr so was von entbehrlich seid

Und wenn man hofft man kann mit euch über Probleme sprechen

Dann werdet ihr bestimmt sofort eure Versprechen brechen

Und unsere Angst und Sorgen einfach weitersagen

Solange ihr nur glaubt ihr würdet davon einen Vorteil haben

Ihr solltet besser in die Kirche geh'n und beten

Denn nicht mehr lang, dann werden wir euch in den Arsch treten

Werdet ihr je kapier'n?

Jemals kapier'n?

Werdet ihr je kapier'n, dass die Lügen nichts bring'n

Dass eure Lügen nichts bring'n

Könnt ihr denn gar nicht seh'n?

Könnt ihr nicht seh'n

Könnt ihr denn gar nicht seh'n, was *mit* Euch passiert

Habt ihr den gar nichts kapiert?

Ich hab den Weg gewählt, der sicher nicht der Leichte ist

Doch wenigstens kann ich ihn aufrecht geh'n

Muss mich nicht schämen und kann jedem in die Augen seh'n

Ich krieche keinem in' Arsch komm nicht durch Lügen weiter

Ich muss nicht klau'n und ich muß auch nicht betrüg'n, Alter

Ich werde sicher nie die große Kohle machen

Doch dafür findet keiner einen Grund mich auszulachen man

muss interger sein

Dann wird man nicht der Angeklagte, sondern Kläger sein

Am Ende auch nicht der Gejagte, sondern Jäger sein

Seid auf der Hut,

denn eure Taten werden euch noch einhol'n

Ihr versinkt in eurer Scheiße, es ist niemand da,

niemand wird euch raushol'n

Ihr habt uns beschissen

Viele sind zerbroch'n

Die habt *ihr* auf dem Gewissen

Doch es wird das Gute siegen

Ihr kommt mit eurer Art nicht durch

Ihr werdet bald am Boden liegen

Und dann zu Kreuze kriechen

Ich werd' es euch direkt sagen

Niemand auf der Welt wird vor euch noch Respekt haben

Werdet ihr je kapier'n?

Jemals kapier'n?

Werdet ihr je kapier'n, dass die Lügen nichts bring'n

Dass eure Lügen nichts bring'n

Könnt ihr denn gar nicht seh'n?

Könnt ihr nicht seh'n

Könnt ihr denn gar nicht seh'n, was *mit* Euch passiert

Habt ihr den gar nichts kapiert?

b.) Reime auf die Melodie von BAP -

„Alexandra, nit nur du"

WO IST DAMALS

Seit Tagen Regen, seit Tagen graue Gestalten

`ne Atmosphäre wie in ´nem schwarz-weiß Film,

der im Spätprogramm läuft

Mit einem Held im Trenchcoat, der am Ende keiner war

Ein Loser, der sein Leben stilisiert

Ein Hilferuf zuviel, verhallt in dieser Nacht

Nichts hören - besser einfach ignoriert

Da ist dieser Song, ich krieg ihn nicht aus dem Kopf raus

Vor 20 Jahren schon hat mich -

jede Zeile berührt Emotionen die ich hatte

kommen jetzt zu mir zurück,

jede Träne, jede Ohnmacht, jede Nacht

Mit Erfahrungen von heute,

was mein Leben mir bedeute

Hätt' ich manches wohl ganz anders gemacht

Refrain:

Wo ist damals, wo ist jetzt

Und die Unbeschwertheit die wir früher hatten

Wurde lang schon beigesetzt

Ich lese deine Briefe, schau auf die Fotos aus Nizza

Von uns'rem Urlaub den wir machten,

mit dem alten Renault

Die Welt lag uns zu Füßen,

jeder Tag ein neuer Kick

Hatten Träume, keine Realität Waren Krieger, Amazonen

Hoffnungen die in uns wohnen

Doch für Träume ist es leider jetzt zu spät

Refrain:

Wo ist damals, wo ist jetzt

  Und die Unbeschwertheit die wir früher hatten

  Wurde lang schon beigesetzt

Hab dich nicht mehr gesehen, seit du damals nach Berlin zogst

Neues Leben, neue Liebe, eine ganz neue Stadt

Briefe hab ich dir geschrieben, aber niemals abgeschickt

Schwere Worte, Räucherstäbchen, Kerzenlicht

Die verzweifelten Versuche

Das zu halten was mal war

Und zu sehen wie es gnadenlos zerbricht

Refrain:

Wo ist damals, wo ist jetzt

Und die Unbeschwertheit die wir früher hatten

Wurde lang schon beigesetzt

Du bist zu früh gegangen, ich wollte dir noch soviel sagen

All' die Spekulationen nützen mir seit heut nichts mehr

Hypothesen, Analysen, wie es hätte seien könn'

Eine Nachricht, die mich unvermittelt traf

Weil es viel zu schnell zu spät ist

Und der Film längst abgedreht ist

Man im Leben nie auf morgen warten darf

Refrain:

Wo ist damals, wo ist jetzt

Und die Unbeschwertheit die wir früher hatten

Wurde lang schon beigesetzt

62   Irgendwas ist immer

Gestern bin ich früher aufgewacht als sonst. Schon um halb 11. Ich habe auf's Aufstehen verzichtet, und mir noch vor dem Frühstück die Zähne geputzt. Vor dem ersten Kaffee kam der Zweite. Brötchen gab's keine, dafür aber Nena im Radio.

Eine halbe Stunde später war es bei mir nur 20 Minuten später, da meine Uhr verstellt war und ich sie bis heute nicht wieder gefunden habe.

Als ich aus dem Haus ging musste ich die Treppe nehmen, die jemand vor die Tür gestellt hatte. Sie war aber nicht sehr schwer und konnte bugsiert werden.

Einen Kilometer oder 1000 Gramm Meter weiter bemerkte ich, dass ich vergessen hatte, meine Hose anzuziehen. Diese Erkenntnis kam als mir auffiel, dass ich auch weder Schuhe noch Socken an hatte und ich feststellen musste, dass ich die Hosenbeine nicht weit genug runter ziehen kann. Die der Unterhose übrigens auch nicht, denn auch jene hatte ich vergessen. Ich Dummerchen.

Aber mein Hemd war lang genug, um es zwischen die Beine zu klemmen. Der Mann auf der Parkbank wollte das aber nicht, also nahm ich meine eigenen Beine.

Bei KIK probierte ich Unterhosen an. Zumindest versuchte ich es, aber ich kam in den Dreierpack nicht rein. Was aber auch nicht weiter schlimm war, denn ich hatte Geld vergessen. Die Verkäuferin erklärte mir, es sei ein Zahlungsmittel. Da fiel es mir auch wieder ein. Statt einer Unterhose bot mir die Verkäuferin eine Tüte an. Ich lehnte dankend ab. Ich kiffe nur abends.

Deichmann hatte Schuhe. Schön für ihn. Ich hatte keine. Ich überlegte, ob ich, um meine Fußsohlen zu schonen, schweben sollte. Leider musste ich den Gedanken verwerfen, da ich nicht in Wuppertal war. Also ging ich zu Fuß. Der war zum Glück auch zuhause und lieh mir Schuhe und Hose. So ausgestattet nahm ich den Bus. Zumindest versuchte ich es, aber er war zu schwer.

Ein Mann in schwarzer Robe mit weißem Halskragen kam auf einem Fahrrad vorbei und grüßte freundlich. Wahrscheinlich ein Radpfarrer. Kann aber auch ein Richter gewesen sein. An einer Kreuzung aus Pinscher und Schäferhund blieb ich stehen. Als die Fußgängerampel grün zeigte, gingen wir alle auf die andere Straßenseite.

Meine Mutter hatte einmal zu mir gesagt: „Ich muss noch einkaufen." Dies fiel mir plötzlich ein, und da sie nicht da war, ging ich selbst. Der Supermarkt war eher so mittelmäßig. Man wird überall beschissen. An der Fleischtheke stand eine sehr junge Verkäuferin, was ich sexistisch fand. Ich wollte mich beim Filialleiter beschweren und um eine Versetzung der Dame an die Käsetheke bitten, aber: kein Filialleiter weit und breit. Eine Kassiererin bot mir eine Trittleiter an. Dieser unterbreitete ich meine Beschwerde und sie knickte ein. Das war ein Erfolg für mich.

Im Kühlregal fand ich mehrere Joghurts mit kurzer Haltbarkeit, was sich bestätigte, als sie mir aus der Hand fielen. Eigentlich wusste ich gar nicht, was ich einkaufen sollte, fand aber in der Hosentasche einen Einkaufszettel.

Da stand: Baumarkt – Nägel, Schrauben und 20 Bretter.

Ich dachte: Leisten kann sich mein Kumpel Fuß wohl nicht leisten. Dennoch beschloss ich, ihm einen Gefallen zu tun und für ihn den Baumarkt zu besuchen. Der war aber nicht zuhause. Kurz überlegte ich, ob ich auf ihn warten sollte, oder aufbrechen. Die Frage erübrigte sich, da ein Kuhfuß in dem Moment um die Ecke kam. Im Grunde wollte ich ihn aber gar nicht sehen. Also machte ich die Augen zu. Das klappte ganz gut, und ich überlegte, ob ich das nicht auch mal bei RTL 2 probieren sollte. Ich schaute auf die Armbanduhr, und wurde dafür übelst beschimpft. Vielleicht hätte ich die ältere Frau vorher fragen sollen.

Jedenfalls war es Zeit. Was es ja immer ist, solange sie nicht still steht. Ich überlegte, was ich mit dem angefangenen Tag machen sollte. Aufessen? Vielleicht. Aber ich hatte mehr Appetit auf etwas herzhaftes. Ach ja, wie gerne würde ich mich mal wieder verlieben. Vor fünf Jahren hatte ich mein Herz verschenkt und es nicht zurück bekommen. Das war auf einem Weihnachtsmarkt in Verden an der Aller. Nach einer kurzen

Traurigkeit kaufte ich mir ein Neues. Aber es schmeckte nicht

und von dem harten Zuckergussrand bekam ich Zahnschmerzen.

Was soll's. Ich will nicht verflossenen Eiskugeln nachtrauern.

Mittlerweile war ich wieder im Park.

Eine Taube kackte von einem Denkmal. Zumindest glaube ich,

dass es eine Taube war, denn sie schien mich nicht zu hören, als

ich sie anbrüllte. Ich setzte mich auf eine Sparkasse, da keine

Bank frei war. Ein Straßenkünstler jonglierte mit kleinen Gassen.

Er ließ einen Hut rumgehen, was wegen dessen kurzer Beine

ziemlich ulkig aussah. Irgendwann wurde ich müde, was ich erst

bemerkte, als ich wieder aufgewacht war. Es war dunkel, doch als

ich die Augen öffnete konnte ich wieder etwas sehen.

Ich fragte einen Passanten nach dem Weg. Er war nett und

deutete nach unten. Das half mir. Langsam machte ich mich auf

den Heimweg. Eine Schnecke überholte mich und mir wurde

klar, dass ich etwas schneller gehen sollte, wenn ich rechtzeitig

zur Tagesschau vor der Glotze sitzen wollte. Ich schaffte es

gerade noch rechtzeitig. Dann wartete ich noch die 15 Minuten

und machte die Kiste an. Hey, du geiles Luder.

Gegen Mitternacht rief das Bett. Ich hielt mir die Ohren zu,

aber es hörte und hörte nicht auf. Nach einer halben Flasche

Schnaps bog ich links ab und fand das Schlafzimmer dort, wo ich

es am Morgen verlassen hatte. Ich fragte mich, ob mein

Nachttisch wohl auch am Tag hier gewesen war. Dann löschte ich das Licht und verursachte einen Kurzschluss.

Ich war hundemüde obwohl ich Katzen viel lieber mochte. Das Einschlafen ging recht schnell. Ich zählte bis drei, oder halb vier und dann war ich weg.

Morgen muss ich mal nach mir suchen.

Oder vor mir... aber das entscheide ich nicht jetzt.

63 Top Secret

Die CIA hielt' s lang geheim
Ein großer Fan von Wort und Reim
Gleichwohl bestritten, vehement
Der alte Ami Präsident

Der Dabbel-Juh, der Schorse Bush
Kapelle, bitte mal ´nen Tusch
Zitiert im Oval Office Lyrik
Bis er dafür so ein Gespür kriegt
Wie Reime reimen
Worte passen
Jaja, der Schorsch, der kann's nicht lassen

Was ich erzähl jetzt, ist verbirgt
Zwar hab ich selbst nicht mitgewirkt
Doch weiß ich es aus sich'rer Quelle
Zwar nur ´ne In-offi-zi-elle

Im weißen Haus – im Kämmerlein
Soll es dereinst gewesen sein
Verglichen ihren Dichter-Tick
Der Dabbel-Juh und Jaggers Mick

Der Sieger in dem Wettstreit sollte

Weil es die Regel ja so wollte

Den Job des andren übernehm'n

Entweder Mick das Land regieren

Oder der Bush sollt' musizieren

Den Rolling Stones den Takt angeb'n

Der Schorsch fing an die Competition

Den Rockstar richtig aufzumischen

Dass er am Anfang ihn schon schocke

Zitierte er des Schillers „Glocke"

Die Worte hallten durch die Kammer

Zum Start gleich Schiller

Was für'n Hammer

Doch konterte der Mick mit action

Und grölte lauthals „Satisfaction"

Ganz schnell geriet der Bush ins Wanken

Ein Rockstar wies ihn in die Schranken

Das konnt' er sich nicht bieten lassen

Verzweifelt schnitt er paar Grimassen

Die Jagger aus dem Rhythmus brachten

Und dann, mit Mut, dem neuerwachten

Schnappt' Schorse sich die Ami-Flagge

Und blies noch einmal zur Attacke

Sprang auf den Schreibtisch Wunderbar

Und sang das Lied der USA

Schon lag der Jagger auf dem Boden

Mit dieser Art von Reim-Methoden

Hatte er sicher nicht gerechnet

Und über ihm der Dabbel-Juh

Die Fahne schwingend, immerzu

Als ob er um sein Leben fechtet

„Star spangled banner" schall es mächtig

Der Bush geriet schon in Extase

Doch Jagger schaute nur verächtlich

Und griff sich eine Blumenvase

Mit der er nach dem Redner warf

Doch traf ihn nicht, sie ging haarscharf

An Dabbel-Juhs Gesäß vorbei

Und brach dann hinter ihm entzwei

Dennoch – ein Angriff dieser Art

Brachte den Präsident zum Kippen

Er knallte auf die Dielen hart

Und brach sich sicher drei, vier Rippen
Doch auch der Mick nahm dabei Schaden
Denn Bush fiel auf sein linkes Bein
Ein Trümmerbruch, gezerrte Waden
Ließ uns'ren Rocker nur noch schrei'n

Da öffnet' sich die Tür der Kammer
Die Krieger kriegten einen Schreck
Und schon verstummte das Gejammer
It is a red door – „paint it black"
Schoß es dem Jagger durch's Gehirn
Bevor er dann in Ohnmacht fiel
I got you Honey, it's my turn
Schon wähnte Schorse sich am Ziel

Doch als er sah, wer dort herein kam
Da wusst' er, wer der Sieger war
Der ganze Wettstreit war nur Kleinkram
Das wurde Schorsch auf einmal klar
Genaures, sagt mein Informant
Hat er nur leider nicht erkannt
Da jeder in sein'm Job geblieben
Würd ich mal tippen: unentschied'n
****

64   Die Sache mit der Lyrik

Ein Lektor sprach da einst zu mir

Das mit der Lyrik ist zu schwer

Für dir ... für dich

Das glaub ich nicht

Es gibt genug große Poeten

Die feiern abends ihre Feten

Saufen sich die Hucke voll

Und reimen morgens richtig toll Das krieg ich sicher auch noch

hin Selbst wenn ich nicht besoffen bin

Doch halt

Schau ich jetzt auf die Verse hier

War ich noch eben guten Mutes

Da krieg ich Zweifel

Ob das gut is

Vielleicht, was Lyrik angeht

Hat er recht

Der Lektor

Denn das kann ich necht

Doch was das Zechen anbetrifft

Unbenommen

Da soll'n die Dichter erst mal kommen

65   Variationen auf einen Abschnitt

Wer jetzt kein Haus hat baut sich keines mehr

wer jetzt nichts weiß, der wird auch nie versteh´n

und wird im Greisenalter noch gebeugt

vor Gram durch´s Leben geh´n

Wer jetzt nichts trinkt,

wird sicher bald verdursten

wer jetzt nichts sagt,

der muß für immer schweigen

und wird am Ende aller Tage

allein und stumm zur Hölle niedersteigen

So wache auf und zög´re keine Stunde

die Zeit verrinnt, schon bald ist es zu spät

sonst bleibt Dir nichts,

als nur vertane Chancen

Ein Brief, ein Bild,

vielleicht noch ein Gebet

66   Ein schmuddeliger Wintertag

Als sie durch den tiefen, matschigen Schnee stampfte, dachte
sie, wie schön es wäre, wenn endlich der Frühling beginnen
würde. Sie hasste den Winter. Nicht mal an sonnigen Tagen
konnte sie der weißen Pracht etwas abgewinnen. Und überhaupt,
weiße Pracht, allein die Bezeichnung war in ihren Augen schon
kompletter Unsinn. Heute war es zudem bedeckt, und der
nasskalte Schneefall wechselte sich mit ebenso ungemütlichem
Sprühregen ab. Ihr lachsfarbener Trenchcoat zog die Feuchtigkeit
förmlich an. Lediglich die kleinen, rechteckigen Stellen unterhalb
der Gürtellaschen, sowie der Bereich unter der Gürtelschnalle
waren noch trocken.

Aber auch hier war es nur eine Frage der Zeit, bis das Gewebe
sich voll saugen würde. Bei jedem Schritt durch die kalte Pampe
verdüsterte sich ihre Laune. Derjenige, der dieses Wetter
erfunden hatte, sollte selbst eine Woche lang nackt im
Schneeregen stehen, schoss es ihr durch den Kopf. Doch so sehr
sie sich auch anstrengte, ihr wollte niemand einfallen, dem sie die
Schuld an Kälte, Nässe und Trübsal hätte geben können.

Sie überlegte, ob sie sich ein Taxi rufen sollte. Ihr war kalt, sie
war verschnupft, ihre Fingerknöchel bereits leicht bläulich
verfärbt. Sie beschloss also, durch eine Seitenstraße abzukürzen,
um mit Glück an der Hauptstraße ein Taxi zu ergattern. In der

kleinen Gasse lag der Schnee zwar nicht so hoch, doch das Schmelzwasser hatte riesige, graubraune Pfützen geformt. Mühsam versuchte sie von einer halbwegs trockenen Stelle zur Nächste zu springen.

Ein aussichtsloses Unterfangen. Immer wieder landeten ihre wildledernen Halbschuhe in den Seen aus Matsch und Wasser. Bei jedem Schritt erklangen, ungesunde, quietschende Geräusche aus ihren Schuhen. Alles vollgesogen. Es war widerlich. Endlich erreichte sie die Hauptstraße. Mittlerweile war der Schneefall zusehends in Schnur-Regen übergegangen. Ihre Haare klebten strähnenweise platt am Kopf.

Die Pfützen am Straßenrand füllten sich merklich. Gullis und Abflüsse hatten es schwer, ihre Aufgabe zu bewältigen und die Wassermengen in sich aufzunehmen. Sie erspähte ein Taxi, vielleicht hundert Meter weiter auf der Hauptstraße. Es fuhr zügig auf sie zu, sodass sie befürchtete, es könne vorbeifahren, noch ehe sie den Bordstein erreicht hatte. Ein beherzter Schritt zum Fahrbahnrand brachte sie in die richtige Position um die Aufmerksamkeit des Taxifahrers auf sich zu lenken. Er schien sie zu sehen, die Fahrt des Wagens verlangsamte sich. Bald würde sie zuhause sein.

Ein warmes Bad nehmen, und versuchen den Ärger über diese, für sie völlig überflüssige Jahreszeit, zu vergessen. Wie sie den Winter hasste. Das Taxi kam näher. Sie machte noch einen Schritt weiter vor und hob die Hand. Durch die Windschutzscheibe sah sie den Taxifahrer grinsen. Er gab Gas und bretterte mit Absicht und Vergnügen mitten durch eine große Pfütze, unmittelbar vor ihren Füßen. Das Wasser schoss in die Höhe und auch die letzte, noch trockene Faser an ihrem Leib war nun endgültig durchtränkt.

„Arschloch!", rief sie dem Taxi hinterher.

Sie hasste den Winter, und jetzt hasste sie auch noch Taxifahrer.

Auf dem Heimweg kaufte sie sich einen Kaffee. Aber der schmeckte nicht. Scheiße.

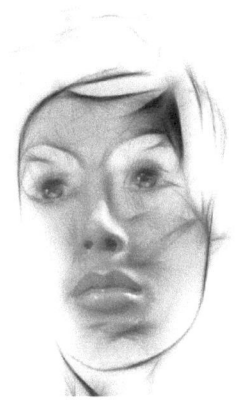

67   Wort des Jahres

Stresstest, Teuro, Abwrackprämie
Wutbürger und Sparpaket
Rentnerschwemme, Wohlstandsmüll
Gotteskrieger, Tätervolk
Bundeskanzlerin und Peanuts
Reisefreiheit, Tschernobyl

Das ist das Wort des Jahres
Ja, was bleibt uns
Dieses Wort beschreibt uns
Das ist das Wort des Jahres
Es ist wie ein Spiegel
Wie ein Gütesiegel

Millenium und Frühableben
Entlassungsproduktivität
Fanmeile, Reformstau und
Politikverdrossenheit
Schwarzgeldaffäre, das alte Europa
Hartz IV und die ICH-AG

Das ist das Wort des Jahres
Ja, was bleibt uns
Dieses Wort beschreibt uns
Das ist das Wort des Jahres
Es ist wie ein Spiegel
Wie ein Gütesiegel

Döner-Morde, Überfremdung
Superwahljahr, Besserwessi
Sozialabbau und Multimedia
Umweltauto, Holocaust
Klimaschock und Reisefreiheit
Deutschland sucht den Superstar

Das ist das Wort des Jahres
Ja, was bleibt uns
Dieses Wort beschreibt uns
Das ist das Wort des Jahres
Es ist wie ein Spiegel
Wie ein Gütesiegel

Aber:
Es gibt nur ein' Rudi Völler

68 Von guten und schlechten Dingen

Die Welt ist in der Wirtschaftskrise

Das ist das Miese

Ich hatte neulich Post von Ute

Das ist das Gute

Der Euro tut's wohl nicht mehr lange

Das macht mich bange

Dass ich fast niemals Zeit vergeude

Das macht mir Freude

Und mancher isst zum Frühstück Aal

Is' mir egal

69 Des Lebens Sinn

Ich suchte nach dem Sinn des Lebens

Lange Zeit vergebens

Ich dachte, in der Religion

Findet man doch sicher schon

Irgendeinen Sinn

Ein Sinn der fand sich

Doch erkannt ich

Jede hat 'nen andern Sinn

Dann dachte ich an Esoterik

Das fand ich aber ziemlich schwer-ig

Die Schpiri und auch die Tu-ellen

Konnten mich nicht recht erhellen

Das Suchen nach der eignen Aura

Machte mich auf Dauer saurer

Wo sollte ich den Sinn nur finden

Ich suchte unter Baumesrinden

Ich suchte in ´nem Cembalo

Und schaute sogar hinter'm Klo

Und auch im Fernseh'n war kein Sinn

Nur so ein Mann mit Doppelkinn

Doch plötzlich kam mir die Idee

Der Sinn des Lebens ist die Suche nach dem selben

So trank ich erst mal ´nen Kaffee

Und schaute in den Seiten nach, den gelben

Nach Lebens-Sinnes-Sucher schaute ich

Nur dies Branche gab es nicht

Doch wenn die Suche schon das Ziel ist

Dann back ich heut noch einen Kuchen

Und morgen werd ich weitersuchen

70 Die Reise des Herrn M. (Teil 7)

Erst, als Herr M. den leblosen Körper der jungen Verkäuferin zwischen dem Pflanzenmüll in der Wohnung seines französischen Freundes ablegte, wurde ihm bewusst, was er getan hatte. Lange schaute er in die leeren Augen der Leiche. Gern hätte er ihr die Lider geschlossen, hatte aber Angst davor, die Tote zu berühren. Sicher würde sie sich merkwürdig anfühlen. Wie ein Frosch oder die zähe Haut auf einem offenen Schokoladenpudding. Herr M. versuchte sich daran zu erinnern, was geschehen war. Er suchte und fand eine Uhr im Appartement des Franzosen. Es war kurz nach Mitternacht. Die Begegnung mit der Frau datierte er auf den späten Nachmittag zurück. Nach seinen Berechnungen fehlten also zirka sechs Stunden in seinem Gedächtnis. Ein vorsichtiger Blick aus dem Fenster zeigte ihm eine menschenleere Straße.

Keine Polizei. Anscheinend war es ihm irgendwie gelungen, die Leiche der Frau von allen unbemerkt, quer durch Paris und in die Rue Saint-Sabin zu schaffen. Er fühlte sich ein bisschen stolz. Zu gerne hätte er sich dran erinnert, wie er diese Aktion bewältigt hatte. Bei genauerem Nachdenken fiel ihm lediglich ein, dass er von einem Straßenhändler dunkler Hautfarbe einen Teppich gekauft hatte.

Herr M. öffnete die Appartementtür zum Treppenhaus und fand unmittelbar vor der Türschwelle einen blutverschmierten, kitschigen Vorleger mit eingewebtem Eiffelturm-Motiv. Hastig zerrte er die Stoffbahn in das Appartement und schloss die Tür. Langsam kam seine Erinnerung zurück. Als ob er ein fremdes Fotoalbum durchblätterte, sah er sich selbst auf Schnapsschüssen, die ihn beim Transport der toten Verkäuferin zeigten.

Wie er sie zunächst hinter ein paar Büschen versteckte. Dann der Kauf des Teppichs. Das Einrollen des Körpers in die Auslegware. Herr M. erinnerte sich daran, zwei Kindern Geld gegeben zu haben, die ihm dann beim Transport der Leiche halfen. Er sah sich mit dem Bündel in der Metro und in einem Taxi. Und nun war er hier.

Unbehelligt. Zusammen mit seinem Opfer. Herr M. setzte sich auf einen kleinen Cocktailsessel. Das Mädchen starre noch immer leblos an die Decke. Allmählich verschwand seine Scheu und er wagte es, ihr die Augenlider zu schließen. Es war gar nicht so schlimm, wie er anfangs befürchtet hatte. Herr M. überlegte kurz, ob es ihm leid tun sollte, dass er die Buchhändlerin erstochen hatte. Nein. Eigentlich nicht. Sie war unverschämt zu ihm gewesen. Sie hatte es verdient, zurecht gewiesen zu werden. Nun stand ihr Tod vielleicht in keinem angemessenen Verhältnis zu ihrer Tat, aber ihr „blöder Spruch" vom Nachmittag war schließlich nicht das Einzige, was sie sich hatte zu Schulden kommen lassen.

Sie hatte ihn ja auch nicht ernst genommen. Ihn ausgelacht. Pech für sie. Sowas macht man nun mal nicht. Herr M. spürte, dass er sich plötzlich ganz frei fühlte. Allmählich war er nicht mehr der schüchterne, verklemmte Pflanzennarr. Jetzt war er jemand, der sein Leben selbst in die Hand nahm. Jemand, der bereit war. Der sich nicht mehr alles gefallen lassen würde.

Ungerührt suchte er einen Platz, an dem er das tote Mädchen über Nacht aufbewahren konnte, ohne bei etwaigem nächtlichen Stuhlgang über sie zu stolpern.

Im fiel die Tiefkühltruhe ein, die er bei seiner Ankunft in der Küche entdeckt hatte. Als habe er noch nie etwas anderes getan als Leichen zu befördern, griff Herr M. fachmännisch unter die Arme der Toten, zog sie etwas hoch, stabilisierte sie mit seinem Knie und schleifte sie anschließend mühelos in die Küche. Mit einer Hand zog Herr M. die Tischdecke von der Kühltruhe herunter und öffnete den Deckel. Auf den ersten Blick schien die Kühlbox ziemlich voll zu sein. Herr M. legte die Leiche ab und begann tiefgefrorene Hähnchenschenkel und Fertiggericht um zu sortieren, damit er genug Platz zur Lagerung des toten Mädchens haben würde. Unter einer Gefriertüte mit asiatischem Gemüse fand er eine, in Frischhaltefolie eingewickelte, menschliche Hand. Herr M. stutzte. Dann wühlte er weiter in der Truhe und förderte nach und nach die tiefgefrorenen Überreste von mindestens zwei menschlichen Körpern zu Tage.

„So ein Schlawiner!", dachte er sich und stellte sich vor, wie sein französischer Blumenfreund mordend durch das nächtliche Paris streifte.

Herr M. sortierte alle Gefriertüten mit nicht menschlichem Inhalt aus der Truhe um Platz für die Leiche der Verkäuferin zu schaffen. Er sparte sich die Mühe des Zerlegens und wuchtete ihren schlaffen Körper direkt über den Rand der Truhe in die Kälte. Sorgfältig schloss er den Deckel und drapierte die Tischdecke auf dem weißen Kälte-Sarg. Die antauenden Lebensmittel lagerte er in der Badewanne. Gründlich wusch er seine Hände und sein Gesicht. Dann legte er sich ins Bett. Den Tag Revue passieren lassend grinste Herr M. in sich hinein.

„Wir Pflanzenfreunde sind schon seltsame Menschen." Er fand es amüsant, dass sein Kumpel, auf welche Art und Weise er auch immer dazu gekommen sein mag, offenbar Gefallen an dem Umbringen seiner Mitmenschen gefunden hatte. Mit dem Gefühl ein ganz neuer Mensch zu sein schlief er zufrieden ein. Draußen ging bereits die Sonne auf.

Gegen Mittag wurde er durch laute Geräusche geweckt, die aus dem Hausflur ins Appartement drangen.

„Nous sommes de la police!", hörte er mehrere männliche Stimmen.

Polizei. „Na, es wäre auch zu schön gewesen, einfach mit einem Mord davon zu kommen.", dachte Herr M. leicht enttäuscht.

Er zog seine Flanellhose an und begab sich zum Türspion um zu sehen, ob sich die Polizisten bereits mit Waffe im Anschlag vor seiner Tür postiert hatten. Durch das Loch sah er zwar tatsächlich zwei Gendarmen, diese aber waren gerade damit beschäftigt einen Libanesen aus der gegenüberliegenden Wohnung dingfest zu machen. Wahrscheinlich ein kleiner Drogendealer.

Herr M. betrachtete den Umstand, dass man seinen Nachbarn und nicht ihn festgenommen hatte, als gutes Omen. Noch am selben Nachmittag packte er seine Sachen und setzte sich in einen Zug Richtung Heimat. Er war regelrecht ungeduldig bei dem Gedanken, bald wieder zuhause zu sein. In seinem kleinen Notizbuch legte er eine Liste mit den Dingen an, die er tun würde, wenn er wieder zuhause war.

To DO:

Pflanzen entsorgen

Scharfes Messer kaufen

Gefrierbeutel – 4 und 6 Liter

Frischhaltefolie

Eine Flasche Rotwein

Toilettenreiniger

Neue Gefriertruhe

Wohnzimmer streichen

Evtl. eine kleine Knochensäge besorgen

Mehr fiel ihm zunächst nicht ein. Zufrieden klappte er sein Büchlein zu und schaute gedankenverloren aus dem Fenster des Zuges. Wenn er pünktlich in Karlsruhe ankommen würde, hätte er genau dreizehn Minuten Übergang bis zu seinem Anschlusszug. Das sollte reichen. Herr M. lehnte sich in seinem Sessel zurück und schloss die Augen.

„Wie schön," dachte er, „ein neues Hobby zu haben."

71 Jetzt ist gleich schon eben

Sie lässt uns nicht los

Wir wollen sie abschütteln

Wegwerfen

Einfach nicht mehr an sie denken

Doch sie lässt uns nicht los

Sie ist, wie sie ist

Wir wollen sie ändern

Ungeschehen machen

Kapitelweise neu schreiben

Doch sie ist wie sie ist

Sie hat uns geformt

Wir wollen gern anders sein

Frei sein

Uns selbst neu gestalten

Doch sie hat uns geformt

Sie hat uns geformt

Sie ist, wie sie ist

Sie lässt uns nicht los

Sie geht ihren eigenen Weg

Und dieser Weg ist unser Weg

Was jetzt ist,

gehört schon im nächsten Augenblick ihr

Wir müssen es akzeptieren

Sie ist ewig ein Teil von uns

Unsere Vergangenheit

72 Erwischt

Ohne zu zögern öffnete er die Tür, denn er wusste, was ihn erwarten würde. Er wusste, das Sie mit einem Anderen im Bett lag. In dem Bett, welches er vor zwei Jahren bei IKEA gekauft hatte. Welches er auf dem Dachgepäckträger seines alten VW Polo nach hause gefahren hatte. Welches er eigenhändig zusammengebaut hatte. Schraube für Schraube. Ein Bett, indem er manch schöne Stunden erlebt hatte. Er wusste, dass sie es mit dem Anderen in eben diesem Bett treiben würden. Das würde er sich nie im Leben bieten lassen. Nie. Beherzt trat er in das Schlafzimmer. Sie lag nackt auf dem Fußboden. Der Andere mit blutendem Knie daneben. Das Bett war unter den beiden zusammen gebrochen. Das reichte ihm als Genugtuung. Nur das Bett tat es ihm etwas leid. Er hatte mehr Qualität bei Ikea erwartet. Wortlos verließ er den Raum...

73 Absichten und Bedürfnisse

Morgens früh, wenn ich will
Abends spät, wenn ich kann
Und am Tag, wenn ich darf

Montag Nacht, wenn ich muß
Morgen Mittag, wenn ich soll
Und am Nachmittag, wenn ich's brauch

Später noch, wenn ich möchte
Nach der Tagesschau, wenn ich's bringe
Um Mitternacht, wenn ich's wünsche

Eigentlich rund um die Uhr
Wenn ich nicht gerade schlafe oder esse
Oder auf's Klo muss

Ansonsten immer gerne

Danke

74   Schlafen

Ob für die Bösen oder Braven

Das Allerbeste ist das Schlafen

Das Pennen, Ratzen, Pofen,

Das an der Matratze horchen

Ein Nickerchen

Ein Schläfchen machen

Dämmern, dösen, übernachten

In Morpheus starken Armen liegen

Siesta halten

Tag besiegen

Das Filzen, Duseln, Bubu machen

Sich einen Traumgott anzulachen

Die Augen pflegen oder rüsseln

Ruhen, nicken oder düsseln

Im Bettchen sein, ob Nacht, ob Tach...

Und trotzdem bin ich gerne wach

Ich fühl' mich rege, ausgeruht

Dynamisch oder munter

Agil und fit

Wie dem auch sei

Nur bitte nicht des Nachts um drei

Nachwort

Genau wie das Vorwort gehört natürlich auch das Nachwort in ein vollständiges Buch. Ich meine jetzt nicht die Danksagungen – die kommen noch.

Was ist der Zweck eines Nachwortes?

Wikipedia schreibt dazu:

Als **Nachwort**, *Nachrede*, **Schlussrede**, *Schlusswort* oder auch **Epilog** (griech. επίλογος *epílogos*, mit *epi-* , danach, nachgestellt' und *logos* ‚das Wort') bezeichnet man Schlussbemerkungen am Ende eines literarischen oder rhetorischen Werkes. Der Epilog kann auch am Ende eines einzelnen Kapitels stehen.

Wie das Vorwort *(Prolog)* dient das Nachwort im Sinne des Geleitwortes bei einem Vortrag oder einem Buch als Verständnishilfe, Interpretation, Darlegung der Intention oder als Widmung. Die Schlussworte sind besonders bei dramatischen

Werken gebräuchlich und sollen meist Gedanken des Dichters ausdrücken oder Fragen beantworten, die im Buch oder im Theaterstück offengeblieben sind, oder geben „die Moral von der Geschichte".

Ach so. Na dann....

Sind noch irgendwelche Fragen offen?

Dann bitte hier reinschreiben

_____

Ich kümmere mich bei Gelegenheit darum.

Und die Moral von der Geschichte?

Ganz einfach...

WAS SOLL DAS?

Wenn es Spaß gemacht hat, bitte weitersagen.

Wenn nicht, bitte gar nicht drüber sprechen.

Danke.

Ach nee... das kommt ja noch...

Danksagung

Wie bereits angekündigt, hier eine Danksagung:

1.) Danke für diesen guten Morgen, Danke für jeden neuen Tag.

Danke, dass ich auch heute wieder esse einen Quark.

2.) Danke für alle guten Freunde, Danke, für mich und jedermann.

Danke, wenn auch das Wetter mitspielt und ich baden kann.

3.) Danke für meine Arbeitsstelle, Danke für jedes kleine Glück.

270

Danke, hab meinen Job verloren, krieg ihn nicht zurück.

4.) Danke für manche Traurigkeiten, Danke für jedes gute Wort.

Danke, der Agentur für Arbeit, Jobberater Kurt.

5.) Danke, dass ich dein Wort verstehe, Danke, dass deinen Geist du gibst.

Danke, für die Hartz IV-Broschüre, das war wirklich lieb.

6.) Danke, dein Heil kennt keine Schranken, Danke, ich halt mich fest daran.

Danke, dass ich an jedem Morgen kacken gehen kann.

7.) Danke, der Dank ist jetzt zu Ende.

Danke, bin nicht mehr arbeitslos.

Danke, nach einem Überfall hab ich jetzt endlich Moos

… oder Kies, Zaster, Schotter, Kohle, Pinke-Pinke... na Geld eben.

Jetzt muss ich mich nicht mehr einmal im Monat bei Kurt melden und mir anhören, dass ich mit Mitte 50 nicht mehr vermittelbar bin.

Und auch ich möchte mich bedanken.

War ein guter Tipp mit dem Geldtransport!

Merci.

Oder um es mit den Worten von Roger Avary zu sagen
(Dankesrede „Oscar" für das beste Drehbuch, Pulp Fiction
1994, – gemeinsam mit Quentin Tarantino)

ROGER AVARY:

Ich möchte meiner schönen Frau danken, die ich mehr als alles andere auf der Welt liebe. Und ich muss jetzt wirklich pinkeln, also werde ich gehen. Vielen Dank.

Der Autor:

Andreas Gaw stammt aus Münchehof / Harz. Er studierte Sozialwissenschaften in Göttingen, und wundersame Verstrickungen führten ihn in den 90ern zur Harald Schmidt Show, wo er als Gag-Autor arbeitete. Es folgten Headwriterposten bei der Wochenshow, Ladykracher, Mensch Markus usw. Bis heute schreibt er überwiegend Comedy, ob für Funk, Fernsehen oder die Bühne. Ein paar TV-Serien, Krimis und Filme hat er zudem auch noch zustande gebracht. Und schließlich auch das eine oder andere Buch.
Zum Beispiel:

Alice@Wonderland

Alice@Hollywood

Das Trostbuch (mit Lou Richter)

Legalize Erdbeereis (80er Jahre Roman)

Tote Elche (Schweden Krimi) (...)

Und jetzt auch noch „Was soll das".

Andreas lebt in Fridafors/Schweden und zeitweise auch in Berlin.

Und er ist Green Bay Packers Fan.

Hier könnte Ihre Werbung stehen:

(oder ein Bierglas)

Raum für Notizen:

(oder Raum für Zeit)

Und Tschüssss....

Zeitfracht Medien GmbH
Ferdinand-Jühlke-Straße 7
99095 Erfurt, Deutschland
produktsicherheit@kolibri360.de